JN011899

アジ研選書54

マクロ計量モデル
——その利用と応用——

植村 仁一 編

はじめに

　本書は，2018 年に公刊した『マクロ計量モデルの基礎と実際』（植村仁一編・アジア経済研究所）の応用編と位置付けられるものである。対象とする読者は前著と同様の大学中級程度の経済学，統計学及び計量経済学の基礎知識を持つ幅広い層を想定している。加えて前著では「マクロ計量モデルをツールとして習得しようと考えている読者」を想定していたが，それに倣えば本書の対象に「マクロ計量モデルをツールとしてある程度使いこなせる読者」と付け加えてもよい。書名を『マクロ計量モデル：その利用と応用』としたとおり，マクロ計量モデルの歴史やモデル自体の作成方法，各国での利用状況といった基本的な情報は前著に任せ，より実用的な利用方法を解説・紹介していくのが主たる目的である。

　本書は以下の通り 2 部構成となっている。第 1 部にあたる第 1 章から第 3 章では，前プロジェクトを通じて構築してきた貿易リンクモデル（詳細は前著を参照されたい）を利用したいくつかのシミュレーション実験の経過と結果を示し，また，マクロ計量モデルとは違う枠組み（VAR モデル）による同様のシミュレーションを紹介する。複数の国モデルが貿易というチャネルで接続されることにより得られる付加的情報は飛躍的に大きくなる。これに対し第 2 部は単一国モデルにじっくりと取り組む応用編である。東アジア地域はさまざまな発展段階の国・地域からなり，それとほぼ並行するように（経済）データ整備状況や応用事例といった先行研究の量や質の違いが厳然として存在するのもまた事実である。そこで，第 2 部ではそうした異なる発展段階の国・地域を対象とすることとし，韓国・台湾（第 4 章），マレーシア（第 5 章），ベトナム（第 6 章）を取り上げている。

　第 1 章「米国・中国の関税合戦」（植村仁一）は，2018 年に激化した米国と中国の間の「貿易戦争」とも呼ばれる相互の輸入品への関税強化の貿易リンクモデルによる効果測定をしたものである。実際のタイムテーブルは月単位に進んだのに対しモデルは年データに基づくものであり，とうてい現実の

スピードにはついていけるものではないが，複数の関税強化スケジュールを連続的にこなしていくと見ることで対応する。ここでは，両国の相手国からの貿易額の絶対的な規模の違いにより，中国側にとっては関税のみに頼る対抗策の効果は限定されることから，最終的には米国が利益を，中国が損失を見ることが示唆される。また，両国との貿易パターンを比較することにより，「漁夫の利」を得る（あるいは巻き添えを食って損失を被る）第三国が存在することも指摘されている。

第2章「ASEAN諸国の貿易障壁削減効果」（田口博之・植村仁一）は，貿易リンクモデルを活用し，ASEAN諸国を対象に非関税障壁を含む貿易関連障壁の削減の各国経済への影響を検証する。リンクモデルでは各国の輸入関数に「非関税障壁を含む貿易関連障壁」が外生変数として導入されており（実際は関税率に読み替えることで当該国とその競争者の輸出価格との相対価格に影響を及ぼすという形となっている），リンク参加国のうちの一部のみがメンバーとして互いに貿易障壁の削減を行い，非メンバー国にはそうした措置を取らない，というシナリオ分析ができる。本章ではそうしたメンバー国として経済発展段階の異なる数カ国を選んで分析し，グローバル・バリュー・チェインの視点から発展段階（または国内産業の「厚み」）の異なる国の間で同一の障壁撤廃スケジュールを導入することは全体の厚生を向上させることにつながらない場合があることを示唆している。

第3章「東アジアの貿易構造とマクロ経済的リンケージ」（ブー・トゥン・カイ）では本プロジェクトの根幹をなすマクロ計量モデルとは異なるVARモデルの手法でタイを中心とした分析を行っている。マクロ計量モデルでは例えば一国の輸入行動を説明するのに所得や価格などのデータと経済および統計理論からパラメータを推定するが，VARモデルではそうした経済構造はすべて対象とする変数のラグ構造に内包されているとする。本章ではブロック外生化という手法を用い，マクロ計量モデルで外生変数を用いるのと類似したショックテストを行う。具体的には日本・米国・中国といった外生国経済に生じた変化がタイの輸出入やGDPに与える影響を測定している。

　単一国モデルによる分析例を紹介する第2部の3章（第4章「内需と人口変動のマクロ計量モデル分析：韓国・台湾モデルの利用例」（渡邉雄一），第5章「マクロ計量モデルによるシミュレーション分析（マレーシア）」（植村仁一），第6章「ベトナムのマクロ経済モデルと人口高齢化の影響」（石田正美））では，経済発展度合いの違いによるデータ整備状況の粗密がモデル分析の手掛けやすさにも反映されることを示す目的もあり，必ずしも「うまくいった事例」のみを報告しているわけではないことを予めお断りしておきたい。また，ここで扱う4カ国・地域（韓国，台湾，マレーシアおよびベトナム）に共通のシミュレーション実験として人口の年齢構成の変化（少子高齢化）を取り上げている。

　なお，ベトナムを含めCLMVと総称される後発ASEANではとくに，体制変化による時系列データの断続などもあり，国によりデータ整備状況に大きな違いが存在する。仮にマクロ計量モデルの構築および政策シミュレーションその他を「ある程度以上の水準」で実用的に行える国を順位づけてみるとすれば，ベトナム，カンボジア，ラオス，かなり遅れてミャンマー，というのが実情である。その点，韓国，台湾，シンガポールなどはデータ整備状況では先進地域にほぼ比肩しうるとみてよく，ASEAN先発国はちょうどその中間くらいに位置すると感じる，というのがモデル分析者としての感想のひとつでもある。したがって，日本や米国などの先進地域に対して行えたモデル分析をそのまま途上国に適用しようとすると，そうしたデータ整備の壁といったものに阻まれることが往々にして起こるものであることもまた，心の片隅に置いておいていただきたい。

編者　植村仁一

2019年2月

目　次

第 2 部　単一国モデルによる分析
　　　　──発展段階の相違を考慮する──

第1部

貿易リンクモデル・VAR モデルによる分析
——各国の相互作用を直接測定——

第1章

米国・中国の関税合戦

——リンクモデルの実験的応用——

植 村 仁 一

はじめに

　2018 年に入り，米国と中国の間の関税引上げ合戦とでもいうべき事態が生じている。それは相手の関税引上げに対する報復関税措置[1]であったり，計画の延期の発表であったりと目まぐるしいほどに展開している。GDP 規模で見て世界第 1 位と第 2 位の国によるこうした行動は，当事者 2 カ国だけでなく広範囲に影響を及ぼすものと考えられる。各種報道では，世界経済への影響を憂慮した「米中貿易戦争は景気後退の引き金になりかねない」（小宮 2018）といった懸念がなされ，両国についてはモルガン・スタンレーの分析をもとに「中国には大した影響を及ぼさない」（Tan 2018）という見方がある一方，「米国よりも中国が痛みを受ける」（Domm 2018），IMF の分析をもとに「米中ともに成長を引き下げる」（Borak 2018）と様々な観測・憶測が飛び交っている。もちろん日本に与える影響も取り上げられており（木内 2018），いずれも世界経済，各国経済には悪影響を及ぼすという論調で一貫している。

---

[1] 　中国は WTO ルールに従い，他国から追加関税を課された場合に同額，同率の報復関税を課す方針を維持している（木内 2018）。

しかしながら，これらの分析がどのようなモデル（広い意味での）に基づいたものであるのか，あるいは経験則から割り出されたものなのか，そういう情報についてはまったく言及されていない。そこで本稿では，マクロ計量モデルを用いて米中関税合戦の世界経済・各国経済に及ぼす影響を計測する。ここでは2つの異なるアプローチを考慮している。

　1つ目は米国，中国の単国モデルによる分析である。これは自国で決まる以外の条件はすべて外生的に与えられるものであり，例えば米国でいえば，中国製品に追加的な関税を課したとき，当事国である中国からの輸入動向の変化は把握できるが，その結果としてそれ以外の国からの輸入がどうなるか，あるいは中国が報復措置をとった場合に自国の輸出がどうなるか，についての情報は分析者が別に設定しなくてはならない。しかし単国モデルによる分析は誰でも簡易に行えるものであるので，上記のような外生条件の設定・再設定といったやり方も紹介し，運用のヒントとしたい。

　2つ目はリンクモデルによる分析である。リンクモデルは各国の単国モデルを貿易で接続したものであり，例えば米国が中国製品に課税し，中国から見ると米国向け輸出がしづらくなる状況というのは，他の競合国にとってはそこに入り込む隙ができるというように映る。これは上記の単国モデルでは外生条件であった他国からの輸入や自国からの輸出に関する情報が内生化されているというのに等しい。この方法では，米中のみならず，日本やASEAN諸国，ユーロ地域といったその他各国・地域への影響も把握できることになるが，リンクモデルはその部品としての各国モデルも含め，維持管理，データ更新などには単国モデルとは桁違いの手間がかかり，初心者向けの方法ではない。本稿ではいまだ完全版とはいえないものの，リンクモデルの実験的運用例として「米中貿易戦争」を取り上げ，ある程度客観的な数値を示すことにより考察の一助としたいと考える。

　ところで，後述するように今般の米中両国の関税引上げは短い期間に次々と行われている。このような（1年以内という）短期間に施策がなされることに対し，年次データを基本として構築されているマクロ計量モデルはその

速さについていけない。今回のペースを見ると四半期モデルでも同様であろう。そうかといって月次モデル，週次モデルというのは（存在しないわけではないが）あまりにも一般的ではなさすぎる[2]。

　しかしながら，年次モデルの利点は四半期や月次といったデータの季節変動を考慮する必要がなく，ある施策が1年のどの時期になされたかによる経済の反応の差異を気にする必要がないということである。例えば日本で2019年に予定されている消費増税が4月に起こるのか10月に起こるのかによって各四半期の（一次的には特に民間消費の）動向は変わるであろう[3]。

　そこで本章では，米国と中国の貿易構造の差異に着目し，それぞれが互いからの輸入に関税を掛け合う，という点についてのみ特化したシミュレーション実験を行う。モデルは暦年ベースの年次モデルであり，米中双方の相手国からの財種別輸入（国連BEC分類による資本財・中間財・最終財区分を「財種」と定める）に対する輸入関税の引上げスケジュールを想定した実験とする。

　なお，今回のような矢継ぎ早の施策に対しては，関税引上げ策への反応としての貿易（量・額）の変化は急な短期間に起こるわけではないから，1つの措置への影響が十分に表れる前に次の措置が取られるといったこともありうる。リンクモデルを用いる今回の実験では1年ごとに財種別の関税を強化していくスケジュールのシナリオを与え，当事国及びその他リンク参加国への影響も測定する。

　実験は前述の通り二段構えで行う。はじめに米中それぞれの単国モデルによるシミュレーションを実施しその結果を見たうえで19カ国・地域リンクモデルによる同シナリオによる分析を行う。特に後半の分析では他のリンク参加国の貿易構造に着目し，関税合戦の結果，米中の相手国向け輸出を他の第三国が補完することで生じる波及効果も見ることとする。

---

2)　さらに，こうした短期ベースのモデルではもととなるデータの季節調整の問題もあるため運用にはたいへんなコスト（時間的，心理的なものも含め）が想定される。

3)　前者の場合では年次モデルであっても，それが暦年モデルでなく年度モデルでは前年度のうちに駆け込み需要が増大するといったことが容易に予想される。

第1節　米国と中国の輸入構造

　米国の輸入総額（2017年）は2兆4000億ドルで，そのうち中国からの輸入は5260億ドルであり総額の22％を占める。その内訳をみると，2000年以降最終財が7割前後，中間財が約2～3割を占めており，その差は年々若干縮まる傾向にあるが最終財輸入が中間財輸入の倍程度であるという構図は変わらない（図1-1）。

図1-1　米国の輸入構造（対世界総額・対中財種別シェア）

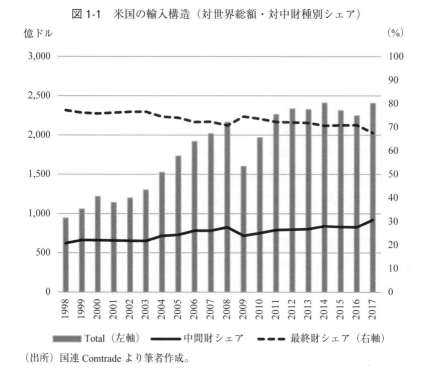

（出所）国連Comtradeより筆者作成。

　一方中国の輸入総額（2017年）は1兆8000億ドルで，そのうち米国からの輸入は1540億ドルであり総額の8％強である。時系列でみた内訳では中

6

間財が 4 ～ 5 割，最終財が 3 ～ 4 割程度を占め，中間財輸入が常に最終財輸入を上回っている（図 1-2）。

図 1-2　中国の輸入構造（対世界総額・対米財種別シェア）

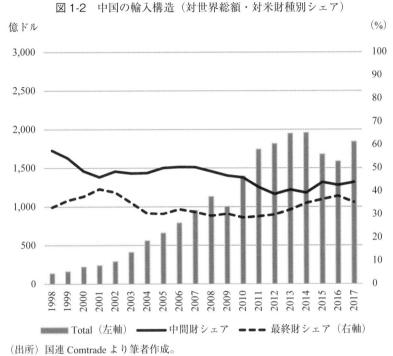

（出所）国連 Comtrade より筆者作成。

　輸入総額で見た米国の対中依存度は 22%，中国の対米依存度は 8% 程度であることから，関税を互いに掛け合う報復関税合戦となった場合には米国の方が有利（関税をかける余地が多い）となろう。貿易構造からみても，米国は中国からの最終財輸入の割合が大きいのに対し，中国は米国からの中間財輸入が多いため，そこへの課税強化は中国にとっては将来の生産力への足かせとなる懸念がある。

第2節　2018年米中貿易戦争（関税合戦）

2-1. 関税引上げのタイムテーブル

今般の米中の激烈ともいえるやりとりは2018年7月に開始されているが，実際はそれより前にも動きはある（**表 1-1**）。

表 1-1　米中関税引上げのタイムテーブル

2018年3月1日	米	鉄鋼に25%，アルミに10%の追加関税
3月1日	米	特定の中国製品に25%
4月2日	中	報復関税
7月6日	米	アンチダンピング関税（818品目，25%，340億ドル）
7月6日	中	報復関税（545品目，25%，340億ドル）
8月23日	米	アンチダンピング関税（284品目，25%，160億ドル）
8月23日	中	報復関税（333品目，25%，160億ドル）
9月24日	米	アンチダンピング関税（5745品目，10%，2000億ドル）
9月24日	中	報復関税（5207品目，5.10%，600億ドル）
（以降）	米	（残りの全品目，10.25%）

（出所）　各新聞社・通信社ネット版，Wikipedia 等。かっこ内は対象品目数と関税率及び対象金額。

本章の目的は「貿易戦争」ともいわれる7月以降についてのシミュレーション実験である。米ピーターソン研究所によると，米国の中国に対する関税措置は，最初の段階では最終消費財の割合が少なく，あとの段階になるほどその割合が増大する（Bown, Jung and Lu 2018）。つまり，米国のとる措置としては最初の段階は（輸入に占めるウェイトの小さい）素材・中間財に対するものであるため，実施したとしても中国への影響はそれほど大きくなく，1つの警告的な措置であるともいえる。これに対し中国が報復措置をとったため（注1）参照），米国は次の段階の追加的関税措置をとり，それは最終消費財へも広がっている（図1-3）。

8

図 1-3　米国の中国への関税強化スケジュール　　（単位：10 億ドル）

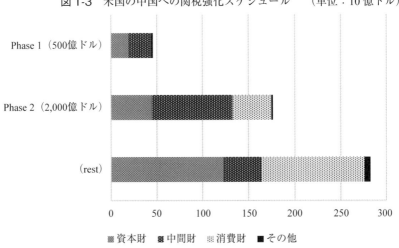

（出所）　Bown, Jung and Lu（2018）のデータより筆者再構成。

　両国が相手国への制裁措置として実施あるいは予告する財種別の関税措置は以下の通りである。Bown and Kolb（2018）では上記タイムテーブルのうち 7 月と 8 月に実施した分を合わせて第 1 段階（Phase 1）と呼んでいる。米国側で見るとこの段階では以下の通り最終財でも資本財が多くを占め，消費財への発動はわずかである。第 2 段階では 2000 億ドル相当分となり，ここでは最終消費財への発動も 420 億ドル相当分と，中国の主力輸出品目に広がってくる。

　その後保留となっている分が仮にすべて実施されると対象金額は 5170 億ドルとなり，2017 年の米国の中国からの輸入総額（5260 億ドル）に匹敵する額となる（ように設定されている）。

　同様に，中国側から見ると，第 1 段階では米国と同額相当分に対する関税強化であるものの，上述の通り貿易自体の余地の少なさからそれ以降は格段に小さいものとなる。同スケールのグラフ（図 1-4）にするとその差は歴然としているが，中国側では第 1 段階の 500 億ドル相当分の段階では消費財が，第 2 段階から先は中間財が多くの部分を占めていることがわかる。

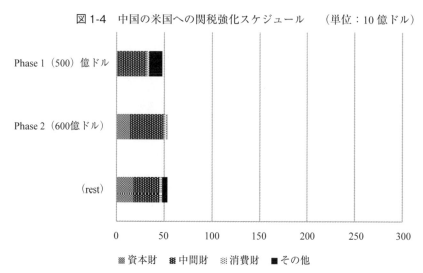

図1-4　中国の米国への関税強化スケジュール　（単位：10億ドル）

凡例：■ 資本財　■ 中間財　■ 消費財　■ その他

（出所）　Bown, Jung and Lu（2018）のデータより筆者再構成。

2-2. シミュレーション用シナリオ案

　上述のように，モデルは年次モデルであるから，このような矢継ぎ早の関税合戦には対応できない。そこで，貿易構造の特徴および段階的に上がる関税率を考慮し，輸入シェアの大きいものから順に10％，25％の関税を以下のようなスケジュールで外生ショックとしてモデルに与えることとする。こうすることで1年ごとの両国（リンクモデルでは第三国も）の状況を見ることによって段階的な「積み増し分」の関税引上げ効果を見ることができると考えられる。

　シミュレーション期間は2010 ～ 14年の5年間とするが，具体的な暦年に意味はないのでシミュレーション第1年～第5年（Year 1 ～ Year 5）とする。両国の互いの国からの財種別輸入に（追加的に）かける関税のスケジュールを以下のように設定する。それぞれ，貿易額で見て相手国からのシェアの大きい順に関税をかけ始め，初年に10％，翌年からは25％の追加関税を課する。

（1）米国の中国製品に対する関税

　　1 年目　最終財：10%

　　2 年目　最終財：25%，中間財：10%

　　3 年目　最終財：25%，中間財：25%，素材：10%

　　4 年目　最終財：25%，中間財：25%，素材：25%

　　5 年目　最終財：25%，中間財：25%，素材：25%

（2）中国の米国製品に対する関税

　　1 年目　中間財：10%

　　2 年目　中間財：25%，最終財：10%

　　3 年目　中間財：25%，最終財：25%，素材：10%

　　4 年目　中間財：25%，最終財：25%，素材：25%

　　5 年目　中間財：25%，最終財：25%，素材：25%

第 3 節　単国モデルによる結果

　米国，中国とも上記のシナリオに従い，それぞれの国モデル単体での分析を行った結果は以下の通りである。

3-1.　両国の財種別輸入への影響

　両国の財種別の対相手国輸入の変化をベースケースからの乖離で見ると図1-5 のようになる。財種 1，2，3，がそれぞれ素材（MB1），中間財（MB2），最終財（MB3）に対応しており，マーカーのついた実線（MB0WLD）は対世界総輸入を示している。

　中国では，関税引上げスケジュールが中間財，最終財，素材の順になっている。この結果，米国からの中間財輸入は 1 年目，2 年目には下落しているが，2，3 年目の最終財輸入低下に伴う GDP 上昇の影響からか，中間財輸入はベー

図 1-5　両国の相手国からの財種別輸入の変化（ベースケースからの乖離，%）

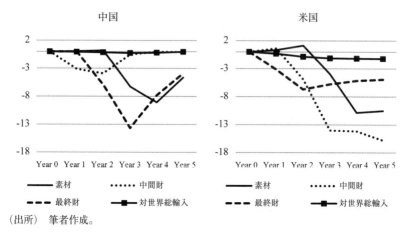

（出所）　筆者作成。

　スケースに近い動きとなる。素材，最終財はスケジュールに沿って急激に落ち込むが，シミュレーション後半では回復する動きがみられる。

　一方，米国の関税引上げスケジュールは，中国からの最終財，中間財，素材の順に強化するものとなっているため，最終財輸入が1年目から減少し，中間財，素材もスケジュールに従って減少する。中間財，素材輸入がそれぞれ1年目，2年目に増大しているのは，輸入減に伴うGDP上昇の影響であろう。関税が強化されるにつれて輸入全体の減少幅が大きくなっていく。

3-2.　GDPへの影響

　このような輸入の減少は，定義上GDPの増大につながる。図1-6に示すとおり，ベースケースとの乖離で見たGDPは両国ともシミュレーション第1年から上昇し，その度合いは米国の方が大きい。第5年目には中国のGDPは下降に向かうものの，中国でも米国でも相手国に対する関税を強化することのみによるシミュレーションでは「輸入減→GDPには正の影響」の効果のみが観測される。

　このように，一国モデルでの単純な運用では，相手国からの輸入に関税を

図 1-6　GDP への効果

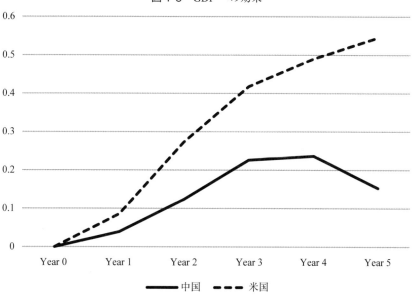

（出所）　筆者作成。

かけることにより当該国からの輸入が減少し，それが結果的に GDP を押し
上げる効果を持つ場合があることがわかる。しかし考えればわかるように，
例えば米国が中国からの輸入を減らす場合，中国側ではその分の米国向け輸
出が減少しているはずである。

3-3.　先の結果を次の外生ショックとしてみる

　次の段階として，それぞれが相手国からの輸入を減らした効果を相手国側
の輸出減に反映させてみる。なお，輸出入の変化が国内の投資や消費に与え
る間接的な効果は考慮しないものとする。
　今のシミュレーションで米国と中国のそれぞれの輸入減は表 1-2 のよう
に算出されている。
　中国はこの 5 年間で相手国からの輸入が総額 20 億ドル，米国は 132 億ド
ル減少していることになる。次に，相手国側モデルにこのスケジュールで財

表 1-2　相手国からの輸入減　　　　　（単位：10億ドル）

	中国				米国			
	総額	素材	中間財	最終財	総額	素材	中間財	最終財
Year 0	0	0	0	0	0	0	0	0
Year 1	-1.14	0.02	-1.16	0.00	-7.66	0.02	0.53	-8.21
Year 2	-3.52	0.05	-1.55	-2.02	-22.76	0.05	-4.42	-18.39
Year 3	-6.41	-1.62	-0.20	-4.59	-31.77	-0.22	-14.90	-16.64
Year 4	-6.04	-3.09	-0.01	-2.94	-33.84	-0.64	-17.54	-15.67
Year 5	-3.47	-1.75	-0.04	-1.68	-36.27	-0.56	-20.84	-14.87

（出所）筆者作成。

種別の輸出（対世界）減少を外生ショックとして与える（モデルでは輸出は相手国別にしていないためであり，したがってその他各国への輸出は変化していないと仮定されることになる）。

　このショックにより両国とも輸出減がさらなる GDP 低下を招き，その購買力の低下はさらなる輸入減につながり，総合的な効果としては中国では輸入は急減してしまうのに対し，米国の場合は輸出減を上回る輸入減が GDP にプラスに影響することもあり輸入低下の度合いは小さく抑えられる。ここでは相手国でなく輸入全体で見てみる（図 1-7）。

図 1-7　シミュレーション間の対世界輸入増減の変化　　　　（％）

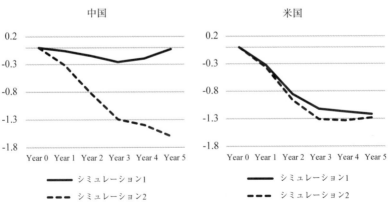

（出所）　筆者作成。

　この 2 番目のシミュレーションを行った結果として，両国それぞれについて改めて相手国からの財種別輸入額が得られている（表 1-3）。

表 1-3　相手国からの輸入減（シミュレーション 2）

	中国				米国			
	総額	素材	中間財	最終財	総額	素材	中間財	最終財
2009	0	0	0	0	0	0	0	0
2010	-1.35	-0.10	-1.23	-0.02	-7.48	0.02	0.60	-8.10
2011	-4.15	-0.24	-1.78	-2.13	-22.16	0.06	-4.20	-18.01
2012	-7.38	-2.05	-0.55	-4.78	-30.57	-0.20	-14.47	-15.90
2013	-7.39	-3.71	-0.44	-3.23	-32.48	-0.62	-17.00	-14.86
2014	-5.08	-2.48	-0.52	-2.08	-35.25	-0.54	-20.44	-14.27

（出所）筆者作成。

　今度は，中国は同じ 5 年間で相手国からの輸入が総額 25 億ドル，米国は 128 億ドル程度減少していることになる（第 1 段階ではそれぞれ 20 億ドルと 132 億ドル減）。総合的な効果として GDP には以下のような影響が出る（図 1-8）。

　輸入減のみをもたらすシミュレーション 1 では両国とも GDP の上昇がみられたが，（相手国のモデルから得られた）新たな情報として輸出減という追加的ショックを与えたシミュレーション 2 では，米国では GDP がさらに上昇する一方で中国ではかなり大幅な下落へと転じることがわかる。輸出減の結果として中国では国内の購買力の低下が大きくなり，この追加のショックにより GDP で見ると先のシミュレーションからは一転して景気が冷え込む。一方米国は輸出減という（直接的には GDP 減少につながる）追加的ショックによっても初年度から GDP にはプラスの影響が現われることがわかる。

　新しく得られた輸入動向をさらに上と同様に外生ショックとして与える，ということを繰り返し，第 3 回目のシミュレーション，第 4 回目のシミュレーションと続けていけば，両国モデルが互いに収束する「共通解」といったものが得られよう。

図1-8　GDPへの影響（シミュレーション1と2の比較）

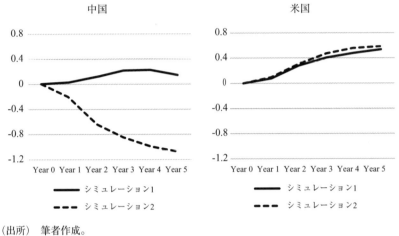

（出所）　筆者作成。

3-4. 単国モデルの限界

　今の実験では手作業で相手国の輸出を操作し，それぞれのモデルを別々に解いた結果を改めて相手国モデルに外生ショックとして与えており，その規模も相手国からの輸入増減をそのまま相手国の（対世界）輸出増減としているが，せいぜいこの程度の繰り返しをするのが単国モデルを用いる限界であろう。

　より多くの相手国を同時に考慮し，一国の輸入増減が他の多くの国の輸出に同時に影響を与える，という観点から分析するのが貿易リンクモデルである。リンクモデルでは米国と中国といった直接的な相手国だけではなく，米中の関税合戦によって日本やマレーシアといった直接の当事者でない国へも影響が波及するのを観測することができる。

第 4 節　リンクモデルによる分析結果

　次に，米中を含めた 19 カ国・地域を貿易で接続したリンクモデルの結果を概観する。上述の通り，例えば米国の関税率変化は，直接の対象国である中国以外からの輸入にも影響を与える（そしてその国の輸出が上の議論と同じ形で影響を受ける）。

　リンクモデルは，このような各国で生じる各段階の変化の総体を次の段階の外生条件として各国モデルに与え，それがすべて収束するまで自動的に実行するものである。

　現リンクモデルは，ベースケースで 10 回の各国周回で前段階との誤差率 0.05％で収束している（ショックを与えた場合でも 11 ～ 12 回程度で収束）。

4-1.　米中の財種別輸入への影響

　両国の財種別の対相手国輸入の変化をベースケースからの乖離で見ると以下のようになる。図 1-9，1-10 のグラフは素材，中間財，最終財および財全体を表す。いずれの図もベースケースからの乖離を示している。図 1-9 自体は図 1-5 の単国モデルでのシミュレーション時と似たような形状をしているが，細かな違いを指摘すれば特に中国で輸入全体が減少している（単国モデルでは横ばいであった）。

4-2.　輸出への影響

　リンクモデルでは，米中が互いに相手国への関税強化を行う結果，両国においてほぼすべての財種について輸出が減少するが，受けるショックは米国の方がはるかに軽微であることがわかる。また，米国の最終財輸出が初年，中国の素材輸出が初めの 2 年間ほぼ横ばいをしているものの，その後は関税強化のスケジュールに沿って低下しているのがみられる（図 1-10）

図 1-9 相手国からの財種別輸入

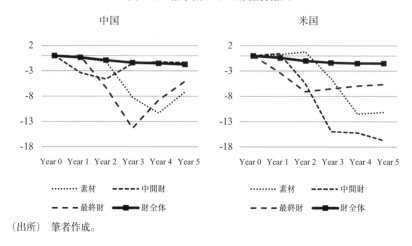

(出所) 筆者作成。

図 1-10 対世界財種別輸出

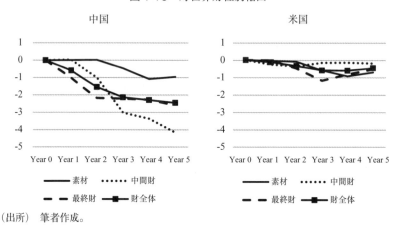

(出所) 筆者作成。

4-3. GDP への影響

リンクモデルの結果からは，米国では GDP が上昇し，中国では大幅な下
落となる（図 1-11）。単国モデルの項で見たように，相手国による自国への
関税強化の影響は自国の輸出減につながる。輸出入の総合的効果（及び他の

国を含めた国内的効果）が GDP にもたらす影響をベースケースからの乖離で
みると，中国ではそれがマイナスに働く一方，米国ではそれがプラスに働い
ているということである。

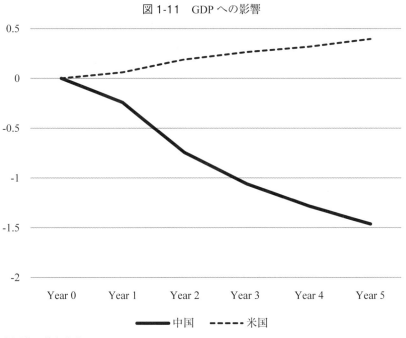

図 1-11　GDP への影響

（出所）　筆者作成。

4-4.　他の国への波及（得をするのはどこか）

　上でみたように，米国は中国から最終財を，中国は米国から中間財をそれ
ぞれシェアとして多く輸入している。米中両国が関税引上げ合戦を繰り広げ，
互いからの輸入が減少する影響は当事国以外の第三国へも波及しよう。

（1）米中への財種別輸出シェア

　はじめに，国民経済計算統計の情報から米中を含む主要国経済の貿易依存
度を見ておく。GDP に占める相手国向けの輸出依存度が高い経済であるほ

ど，相手国が輸入関税の引上げを行った場合の打撃は大きくなると考えられる（ベトナムは2015年，それ以外は2016年）。

表1-4から，米国は経済の1割強，中国は2割弱を輸出に依存していることがわかる。日本も2割弱，韓国が4割強であり，ASEAN先行国のタイやマレーシアが7割弱，後発国のベトナムやカンボジアが7〜9割である中，インドネシアの2割弱という依存度の低さが目立つ。なお，シンガポールは貿易中継地としての性格から輸出入ともGDP規模を超えるような数値となっている。

表1-4　貿易依存度（国民経済計算ベース，対GDP，％）

	輸出	輸入
米国	11.9	14.6
中国	19.5	17.3
日本	16.2	15.2
韓国	42.3	35.4
シンガポール	168.2	142.1
タイ	68.9	54.2
マレーシア	67.7	61.0
インドネシア	19.1	18.3
ベトナム	89.8	89.0
カンボジア	73.2	87.0

（出所）　IFS-IMF.

次に，基準年である2010年の財種別・相手国（対中，対米）別輸出シェアによってリンク参加各国の輸出構造を確認する（表1-5，1-6参照）。「輸出総額」とあるのはBEC分類での素材，中間財，最終財の合計値を示す（全体の数パーセント程度の「上記3分類に属さない」分類が存在するがここでは無視する）。各表は対中，対米輸出総額の順位別としている。

当該国である中国と米国を除き同一の顔ぶれとなったが，その構造を見ると中国と米国とでは様相が違うことがわかる。

表1-5　対中輸出（財種別シェア）　　　　（単位：億ドル）

	輸出総額	対中依存度 （%）	対中輸出 総額	対中輸出に占めるシェア（%）		
				素材	中間財	最終財
HKG	320.3	44.2	141.6	2.6	69.9	27.4
JPN	730.5	18.3	133.5	8.7	59.8	31.5
EUR	3,723.8	3.2	121.0	8.9	44.5	46.6
AUS	656.3	16.9	111.2	40.3	34.2	25.5
KOR	417.5	22.4	93.4	0.7	64.7	34.6
USA	1,226.0	6.9	84.2	39.8	36.8	23.4
TWN	221.1	28.5	63.1	0.7	70.4	28.8

（出所）　国連 Comtrade より筆者作成。
（国名コード）　HKG：香港，JPN：日本，EUR：ユーロ地域，AUS：オーストラリア，
　　　　　　　KOR：韓国，USA：米国，TWN：台湾。

表1-6　対米輸出（財種別シェア）　　　　（単位：億ドル）

	輸出総額	対米依存度 （%）	対米輸出 総額	対米輸出に占めるシェア（%）		
				素材	中間財	最終財
CHN	1,479.1	17.6	261.8	0.5	26.5	73.0
EUR	3,723.8	6.0	223.8	5.4	46.1	48.5
JPN	730.5	15.3	111.6	5.6	40.9	53.5
KOR	417.5	10.3	43.1	0.4	43.9	55.8
HKG	320.3	11.3	36.2	0.3	22.5	77.2
TWN	221.1	12.7	28.0	1.2	49.3	49.5
AUS	656.3	4.2	27.5	4.3	39.3	56.5

（出所）　国連 Comtrade より筆者作成。
（国名コード）　CHN：中国，EUR:ユーロ地域，JPN：日本，KOR：韓国，HKG：香港，
　　　　　　　TWN：台湾，AUS：オーストラリア。

　まず，それぞれの相手国への輸出依存度を見ると，中国は米国に対して
18％，金額にして 2618 億ドルと最大の輸出相手国であるのに対し，米国は
中国に対して依存度が 7％程度，金額でみても 842 億ドルと 3 倍の違いがあ
る[4]。財種別の構成内容では，シェアの大きい順に米国の中国向け輸出の 4

---

4)　依存度だけでみるならカンボジアの対米依存度が 34％と格段に高くなっているが，金
　額にすると 19 億ドル程度となり，この表からは外れている。

割弱の素材（農産物を多く輸出）と同じく4割弱の中間財であり，最終財は2割強を占める。反対に中国が米国に輸出しているうちの7割以上が最終財である一方で素材のシェアが極めて小さいという点が構造的に大きな差異といえる。

(2) 貿易構造の類似性

　米国が中国製品に対する関税を強化する結果，米国の中国からの当該財の輸入は減少する（逆も同じ）。それ以外の第三国に対しては関税強化をしていないため，第三国側から見れば米国への輸出機会が相対的に増大することとなる。なかでも米国の中国からの財別輸入パターンと自国の輸出パターンが似通っている国にとってはそうでない国よりも米国向け輸出が有利になると考えられる。

　ここでは試みとして，各国が米国および中国に向けて輸出する財のパターンと，米国および中国がそれぞれ互いに輸入する財のパターンを比較することにより，米中関税合戦の「おこぼれ」を比較的享受しやすい国，しづらい国を探ってみる。

　データは国連 Comtrade データベースより抽出した SITC rev.3 分類（最小品目）を用い，具体的な方法としては米国および中国の相手国からの輸入パターンを「期待値」（あるいは理論値）と捉え，各国の米国および中国向け輸出パターンとその期待値からの乖離の程度を平均平方二乗誤差（Root Mean Square Error：RMSE）を求めることによって比較を行う[5]。対象となる品目数は2999品目あり，品目別の総額に対するシェアで考える相対度数多角形の類似性を，RMSE を用いて判定する。簡便に5財種の場合で見ると例えば次の

<hr />

5)　なお，この作業ではラオスとミャンマーは除外している。その理由として，この2国については国連 Comtrade の報告国としてのデータが満足に得られないことから，相手国側からの逆推計によって貿易額を算出しているなど，他国とのデータの一貫性が疑われることが第一に挙げられる。また，特にミャンマーでは国内データの整備状況が悪く，ミャンマーモデル自体が満足な造りになっていないこともある。

ようなイメージである。素材，加工品，部品，最終資本財，最終消費財の5
財種での輸出パターンを見ると，インドネシアとインドはRMSEが0.11程
度で度数多角形が比較的似た形状をしているのに対し，オーストラリアとシ
ンガポールではRMSEが0.34程度となり，グラフも似ていないことが分か
る（図1-12）。

図1-12　度数多角形の比較例（輸出パターン：5財種）

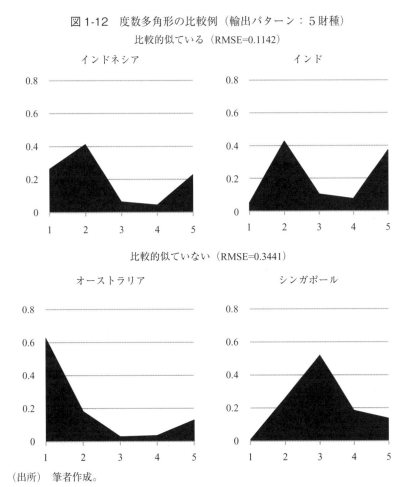

（出所）　筆者作成。

表1-7に示したRMSEの算出法は標準偏差のそれにあたるものであるか

表1-7　米国と中国の対相手国貿易構造パターンとの類似度

米国の中国からの輸入パターンに似ている各国の米国向け輸出パターン		中国の米国からの輸入パターンに似ている各国の中国向け輸出パターン	
0.007	CHN	0.033	USA
0.068	HKG	0.063	EUR
0.075	MYS	0.088	JPN
0.080	TWN	0.123	SGP
0.106	VNM	0.138	HKG
0.110	EUR	0.198	TWN
0.114	THA	0.211	KOR
0.133	IDN	0.245	MYS
0.142	SGP	0.253	VNM
0.155	PHL	0.255	THA
0.163	AUS	0.291	IDN
0.164	IND	0.432	PHL
0.206	KOR	0.465	NZL
0.257	NZL	0.631	IND
0.350	JPN	0.863	KHM
0.362	KHM	1.436	AUS

＊ RMSE（× 10000）
（出所）　筆者作成。
（国名コード）　AUS：オーストラリア，CHN：中国，HKG：香港，IDN：インドネシア，IND：インド，JPN：日本，KHM：カンボジア，KOR：韓国，MYS：マレーシア，NZL：ニュージーランド，PHL：フィリピン，SGP：シンガポール，THA：タイ，TWN：台湾，USA：米国，VNM：ベトナム，EUR：ユーロ地域。

ら，値が小さいほど理論値との平均的なずれが小さいことになり，完全に一致している場合には0となる。表より，中国の米国向け輸出パターン，米国の中国向け輸出パターンは，それぞれ当該国が相手国から輸入する品目のパターンと一番近くなっている[6]。なお，RMSE は検定統計量ではないため閾

---

6)　Comtrade では輸出側統計は「最初の仕向け地」で，輸入側統計は「原産地」ベースで集計されているため，中継地があることで両国での輸出入パターンが大きく異なることは一般的である。この例のように米中両国の輸出パターンが相手国の輸入パターンと近くなる点は，その意味においても特徴的である。

値は存在せず，相対的な類似性を示す指標である。

　表の左側の香港は中国からの積み出し港の1つ（または純粋な中継地）と見て除外するとすれば，米国が中国製品を輸入しなくなることで利益を享受するのがマレーシア，台湾，反対に中国向け輸出で有利になるのがユーロ地域，日本，といえるのではないだろうか。

（3）「予想」の検証

　先に米国の輸入パターンで見て中国と代替的であるのがマレーシアと台湾，中国のそれがユーロ地域と日本，という「予想」を行った。中国と米国の互いの国向けの輸出が関税引上げの効果で減少するのを，類似の輸出パターンを持つこれらの国が代替するであろう，という仮説である。はじめに財種別でみた米国のマレーシアと台湾からの輸入，中国のユーロ地域と日本からの輸入のベースケースからの乖離を見てみる。グラフは実線が素材，細点線が中間財，太点線が最終財を表す（図1-13及び図1-14）。

　図1-13では米国のGDPが増大することもあって中国からの最終財輸入をマレーシアと台湾が代替し，マレーシアからは最終財，台湾からはすべての財種の輸入が増えることがみられるが，図1-14では中国のGDPが下落

図1-13　米国のマレーシア及び台湾からの財種別輸入

マレーシアからの財種別輸入：米国　　　　台湾からの財種別輸入：米国

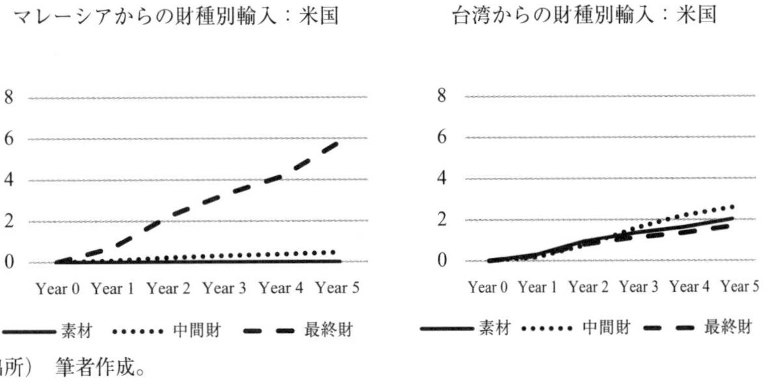

（出所）　筆者作成。

25

図 1-14 中国のユーロ地域及び日本からの財種別輸入

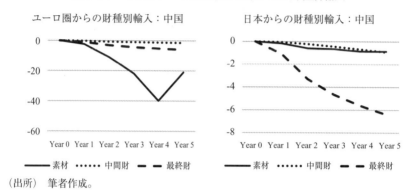

ユーロ圏からの財種別輸入：中国 日本からの財種別輸入：中国

——素材 ••••• 中間財 — — 最終財　　　　——素材 ••••• 中間財 — — 最終財

（出所）　筆者作成。

することからユーロ地域と日本の両方から輸入は全体的に低減してしまっている。実際，このシミュレーションでは中国だけでなくほぼすべての国・地域での GDP はベースケースよりも下落し，米国とカンボジアのみが上昇するという結果となっている（図 1-15）。

　次に輸出国側の状況を見てみよう。現バージョンのリンクシステムでは各国モデルでは各相手国からの財種別輸入が決まる。リンクモデルはその情報から各国の財種別「対世界」輸出を集計し，各国モデルに外生条件として戻す，という手順となっているため，各国モデルでは相手国別の輸出は求められていない。したがってここでは上記輸出国側の対世界での財種別輸出を評価する。図 1-16 のグラフはベースケースからの乖離を示しているのは同じであるが，4 カ国・地域で縦軸のスケールを同一にしている。

　マレーシアおよび台湾は米国向け最終財輸出で，ユーロ地域および日本は中国向け中間財輸出で利益を享受するとした貿易パターンに基づく当初の予想と比較してみると，最終財についてはマレーシアがプラスの影響を受けているのに対し，台湾はマイナスの影響を受けている。一方，中間財輸出ではユーロ地域がほぼ横ばい，日本は負の影響を受けており，財全体でみるといずれの国・地域でも輸出低下が確認される（繰り返しになるがモデルの構造上，それぞれの財がどの国に仕向けて輸出されているかの内訳は特定できない）。

26

図 1-15　各国 GDP への影響

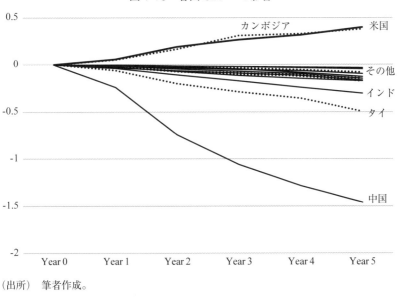

（出所）　筆者作成。

　予想に対する結果としては一部については肯定的であり，米国のマレーシアや台湾からの輸入は予想通り増大し，マレーシアの対世界最終財輸出も増大しているものの，それ以外の各国の各財種輸出は全体的に，米中関税合戦の負の影響を受けるという構図がみられる。前述の図 1-15 のように，GDPで見ると上昇するのは 19 カ国・地域でも米国とカンボジアのみであり，上で見た輸出で恩恵を受けるマレーシアも含め，他のすべてのリンク参加者についてGDP が横ばいか下落となることが計測されている。

　ところでこれらシミュレーション結果の図は便宜的に「年」表記になっているが，実際のところは矢継ぎ早に行われてきた関税引上げ合戦をシナリオ化したものに基づいているので，Year 5 というのは特に 5 年後の姿を表すことを意味せず，「シナリオ最終期」と捉えればよかろう。

　米国とともに上昇するカンボジアについては，注 5）で触れたようなラオス，ミャンマーのように，後発国ゆえのデータ及びモデルの不安定性を考え

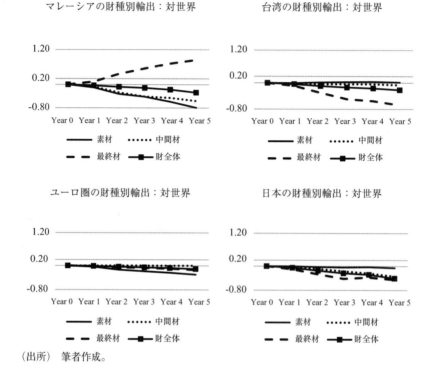

図 1-16　マレーシア，台湾，ユーロ圏および日本の財種別対世界輸出

（出所）　筆者作成。

ると今後の整備状況によってはまったく異なる様相を呈することもあろう。しかしトータルとして見ると米国がプラスの，中国がマイナスの影響を受け，その他各国・地域は GDP 規模で 0 〜 0.5％程度の悪影響を受けるという構図は興味深い結果であるといえる。

　　おわりに

　本章では，平成 24（2012）年に手掛けて以来 6 年を経て昨年度来ようやく稼働にこぎつけたリンクシステムを用い，試験的ながらより実用的な利用を

見据えたシミュレーション実験を行い，結果を検討した。その過程でのモデル全体の挙動を見ると，各国モデルにもまだ不安定な部分が残されているように見受けられる。また，これら各国モデルも現段階では国内経済を十分に分析できるものとなっていない（例えば，いくつかの国モデルでは不安定になるという理由から「投資関数」を実装していない，など）という不満も多々ありながらも，一応ある程度の利用には耐えうるものとなりつつある。

　今回の運用においては外生ショックとして与えるシナリオもかなり大雑把なものとならざるを得なかった。これはモデル全体の挙動を把握するのにはある程度切りの良い数値を与えることにより，入力対出力の線型性（与えるショックが 2 倍なら効果も 2 倍，など）をモデル全体で満たしているかを確認することも 1 つの目的であったためである（そしてそれはほぼ肯定的に確認された）。これにより，初期条件のわずかな違いで収束したり発散したりするといったカオス的なモデルではないことが確認されることとなる（もちろん数十倍，数百倍というような条件の変化を与えれば収束しなくなるが，経済規模自体を大きく超えるような外生ショックは無意味である）。

　今般の研究会に引き続く事業では，より詳細なシナリオに基づくさまざまな経済事象を単体モデルへの応用も含め特にリンクモデルでの分析を試みることを予定しており，今回の各種実験はその実施に向けて一筋の光明をもたらしたものと考えている。

〔参考文献〕

　この問題については，一時的なニュースとして以外の論考は少なく，各種研究所や国際機関あるいは通信社・新聞社等が公表したネット記事の断片的な情報が主となる。

＜日本語文献＞
木内登英 2018.「米中貿易戦争が日本経済に与える悪影響」野村総合研究所.

https://www.nri.com/-/media/Corporate/jp/Files/PDF/knowledge/publication/kinyu_
itf/2018/09/itf_201809_3.pdf

小宮一慶 2018.「米中貿易戦争は景気後退の引き金になりかねない」『日経ビジネ
ス』. 4月13日.
https://business.nikkeibp.co.jp/atcl/opinion/16/011000037/0412　00032/

独立行政法人経済産業研究所 2016.「『RIETI-TID2016』について」独立行政法人経
済産業研究所.

＜英語文献＞

BBC 2018. "US-China Trade Row: What Has Happened So Far?"
https://www.bbc.com/news/business-44529600

Borak,Donna 2018. "The Trade War Will Hit US and Chinese Growth Next Year, the IMF
Warns." CNN Business.
https://edition.cnn.com/2018/10/08/economy/imf-world-economic-outlook/index.
html

Bown, Chad P. and Melina Kolb 2018. "Trump's Trade War Timeline: An Up-to-Date
Guide." Peterson Institute for International Economics.
https://piie.com/blogs/trade-investment-policy-watch/trump- trade-war-china-date-
guide

Bown, Chad P., Euijin Jung and Zhiyao (Lucy) Lu 2018. "Trump and China Formalize
Tariffs on $260 Billion of Imports and Look Ahead to Next Phase." Peterson
Institute for International Economics.
https://piie.com/blogs/trade-investment-policy-watch/trump-and-china-formalize-
tariffs-260-billion-imports-and-look

Domm, Patti 2018. "Trade Wars Could Be Worse for China's Economy than the Pain They
Inflict on US." CNBC.
https://www.cnbc.com/2018/09/19/chinas-economy-could-feel-far-more-pain-than-
us-in-trade-wars.html

Lee, Yen Nee 2018. "Trade War Could Cut China's Growth by Nearly 2 Percentage Points
over Two Years: IMF." CNBC.
https://www.cnbc.com/2018/10/12/international-monetary-fund-on- impact-of-
trade-war-on-china-economy.html

Tan, Huileng 2018. "The Trade War Won't Cause Any 'Major' Hit to China's Economy,
Morgan Stanley Says. " CNBC.
https://www.cnbc.com/2018/08/29/morgan-stanley-on-us-china-trade-war-no-major-
hit-to-china-economy.html

補論　貿易パターン類似度
——中国との輸出パターン類似度を例に——

　RMSE は標準偏差の算出式と同型であるので，比較元と比較対象が類似しているほど小さな値を取り，完全に一致する場合にはその値が 0 となる。ここでは 5 財種別（素材，中間財（加工品），中間財（部品），最終資本財，最終消

図 A1　中国との輸出品目パターン比較

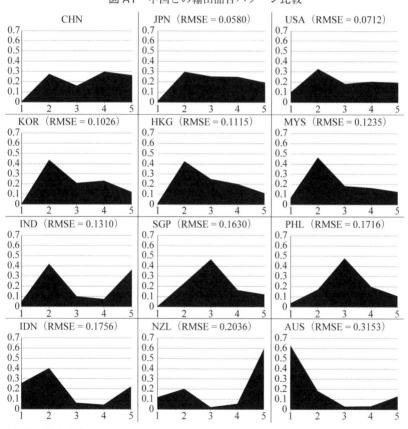

（出所）　筆者作成。
（注）　国名コードは表 1-7 参照。

費財）で中国の輸出パターンとの類似性を比較した図を列挙しておく。左上の図が当該国，右下に向かい RNSE が大きくなる（形状が似ていなくなる）ように配置している。

第 2 章

ASEAN 諸国の貿易障壁削減効果

——差異のある自由化促進の必要性——

田 口 博 之

植 村 仁 一

はじめに

　本章は，本プロジェクトが開発する東アジア計量モデルを活用して，ASEAN 諸国を対象に，非関税障壁を含む貿易関連障壁の削減が各国の経済に与える影響を定量的に検証することを目的とするものである。

　ASEAN 諸国においては，その自由貿易地域（AFTA）の構築により，対象適用品目の関税撤廃について，先発加盟 6 カ国については 2010 年までに，後発加盟 4 カ国については 2015 年までに，ほぼ完了している。しかしながら，貿易の障壁は関税撤廃に限られるものではなく，各種の国内の制度や慣行に由来する非関税障壁の軽減の課題や，外国企業の負担問題に深く関わる原産地規則の制度改善の課題などが引き続き存在する。

　ASEAN 諸国が，今後さらに一層，経済共同体の枠組みの中で，非関税障壁の軽減を含めた自由化措置を推進していく場合に，果たして先発・後発加盟国が一律に同じスピードでそれを実施すべきであろうか，それとも経済・産業の発展段階を考慮して引き続き差異のある自由化の促進を図るべきであろうか，この問題に示唆を与えようとするのが本章のねらいである。

　ASEAN 諸国において，先発・後発加盟国の経済水準には，依然として格

差が存在している。世界銀行の所得分類[1]によれば，ブルネイ，シンガポールは高所得国であることはもとより，マレーシア，タイは高位の中所得国，インドネシア，フィリピン，カンボジア，ラオス，ミャンマー，ベトナムは低位の中所得国に分類され，とくにこのうちの後発加盟4カ国については低所得国の分類を脱してまだ10年も経っていない。近年における，いわゆるグローバル・バリュー・チェインの東アジアにおける進展には，これらASEAN諸国も深く組み込まれており，それによる雇用と国内付加価値の創出を通じて後発加盟4カ国のキャッチアップを後押し，いわゆるコンバージェンスといわれる経済の収束化に貢献しているのも事実である（例えば，Kimura 2006）。しかし，グローバル・バリュー・チェインへの組み込まれ方についても，後述するように，それが単に素材・部品の労働集約的な組立て・加工段階に留まっているのか，それとも外国からの技術移転を活用して裾野産業も含めた国内産業の高付加価値化を推進しているのかで，先発・後発加盟国の対応が大きく異なっていることも確認されるところである。

　第1節においては，こうした経済・産業構造に格差のある先発・後発加盟国に対して，一律に貿易障壁を削減するケース，削減に差異をもたせるケースのそれぞれについて，経済に与える影響をシミュレーションすることとする。第2節においては，そのシミュレーション結果について，先発・後発加盟国間のグローバル・バリュー・チェインへの組み込まれ方とそれによる貿易構造の差異の観点から，考察することとしたい。

第1節　貿易障壁削減のシミュレーション

　本節では，ASEAN諸国を対象に，貿易障壁の削減が各国の経済に与える

---

1) 世界銀行の所得分類については下記を参照。
　https://datahelpdesk.worldbank.org/knowledgebase/articles/906519

影響についてシミュレーションを行い，先発・後発加盟国に対するその影響
の差異を検証することとする。

　シミュレーションの対象国は，ASEAN10 カ国とするが，シミュレーショ
ン結果を明示的に示す対象国は，マレーシア，タイ，ベトナム，カンボジア
の 4 カ国とする。後発加盟国については，ラオス，ミャンマーは取得できる
データの制約から対象から外しベトナム，カンボジアの 2 カ国とし，先発加
盟国については，高位の中所得国に属するマレーシア，タイの 2 カ国を選択
することとした。シミュレーションの期間は，モデル推計期間内の 10 年間
（2005 ～ 2014 年）とした。

　非関税障壁等の貿易障壁の削減の前提のおき方については，擬似的に関税
率引下げと同様，対象国のドルベースの輸入価格に一定の削減率を乗じるこ
とで，貿易障壁の削減を示すこととした。今回のシミュレーションでは，輸
入価格の削減率について，①先発加盟 6 カ国及び後発加盟 4 カ国ともに 4 割
削減されるケース（ケース A），②先発加盟 6 カ国のみ 4 割削減され，後発
加盟国 4 カ国は削減されないケース（ケース B），③先発加盟 6 カ国は 4 割削
減され，後発加盟国 4 カ国は推計期間の 10 年間において漸次 4 割まで削減
されるケース（ケース C）の 3 つのケースを想定することとした。

　貿易障壁の削減が及ぼす経済変数については，実質 GDP（以下 GDP）及び
ドルベースの輸出入総額をみることとし，結果の示し方については，推計期
間 10 年間におけるベースライン（貿易障壁の削減を行わない基準ケース）から
の上記 3 つのケースの乖離率の平均によって表すこととした。

　シミュレーション結果は，表 2-1 に示している。まずは，GDP への影響
からみていこう。貿易障壁の一律削減のケース A については，ベースライ
ンからの乖離率は，カンボジア－ 5.4％，ベトナム 3.0％，タイ 3.6％，マレー
シア 6.9％となっており，後発加盟国は先発加盟国よりも GDP に対するプラ
スの影響は小さくなっており，とくにカンボジアではその影響がマイナスに
なっている。このことは，一律の貿易障壁の削減は，ASEAN 諸国間の先発・
後発加盟国の経済格差を拡大させ，期待されるコンバージェンスとは反対の

表 2-1 貿易障壁削減のシミュレーション結果　　　　　（％）

	貿易障壁 4 割減のケース		
	後発国も同率削減 （ケース A）	後発国は削減せず （ケース B）	後発国も漸次削減 （ケース C）
カンボジア			
GDP	▲ 5.4	15.8	8.0
輸入	68.9	66.8	67.4
輸出	55.6	59.4	57.8
ベトナム			
GDP	3.0	3.9	3.4
輸入	46.1	48.0	46.7
輸出	51.9	54.1	52.6
タイ			
GDP	3.6	3.9	3.8
輸入	65.3	66.8	66.1
輸出	61.3	62.8	62.1
マレーシア			
GDP	6.9	7.0	7.3
輸入	23.3	23.7	24.4
輸出	33.7	34.4	35.5

（出所）東アジア計量モデルに基づき筆者推計。
（注）数値はベースラインからの乖離率を示す。

効果をもつことを示唆している。一方，貿易障壁の削減に差異をつけるケース B では，カンボジア 15.8％，ベトナム 3.9％，タイ 3.9％，マレーシア 7.0％となっており，後発加盟国のカンボジアで GDP へのプラス効果が最も大きく，またベトナムにおいてもタイと同様のプラス効果が示されている。従って，このケースでは，経済格差の縮小，すなわちコンバージェンスに寄与する効果をもつことが示唆される。また，もう 1 つの注目点として，先発加盟国のタイ，マレーシアについては，一律削減のケース A よりも，削減に差異をつけるケース B の方が，わずかながら GDP に対するプラスの効果が大きくなっていることである。後発加盟国の貿易障壁削減を漸次とするケース C の GDP への効果は，ケース A とケース B のほぼ中間的な水準となることが示されているが，カンボジアのプラス効果がケース B と同様に最も大き

いことが注目される。

　以上述べた貿易障壁削減の GDP に対する影響について，GDP に直接影響を及ぼす輸出入のベースラインからの乖離率からみておこう。貿易障壁の一律削減のケース A においては，とくにカンボジアの輸入の輸出に対する乖離の大きさが，他の国と比べて際立っていることがわかる。貿易障壁の削減は，カンボジアにとっては輸出以上に輸入の増加をもたらし，これが GDP への影響をマイナスにしているものと考えられる。一方，貿易障壁の削減に差異をつけるケース B とケース C においては，ケース A と比べて，カンボジアでは輸入の乖離が抑えられる一方で輸出の乖離が大きくなるため，GDP への影響をプラスに転じさせているものと考えられる。また他の国においても，輸入の乖離の微増とともに輸出の乖離も増加しているため，GDP に対してはプラスの効果が多くなっているものとみられる。先発加盟国にとって，ケース B 及びケース C では，後発加盟国の貿易障壁が削減されない，もしくは削減が緩やかであるなかで，輸出の乖離が増加しているのは，ASEAN 全体の GDP のプラス効果（いわゆる所得効果）が大きく寄与しているものと推測される。

　以上のシミュレーション結果をまとめると，ASEAN 諸国で貿易障壁を一律に削減した場合は，後発加盟国であるカンボジアにおいて輸入の増加により GDP にマイナスの影響を及ぼすことなどにより，先発・後発加盟国の間で経済格差を拡大させる効果をもつ。一方，貿易障壁の削減において後発加盟国を除外する，もしくは緩やかにするなどの差異をもうけた場合は，カンボジアの輸入の増加が抑えられることにより GDP への効果が大きくプラスに転じるため，経済格差を縮小させるとともに，ASEAN 全体においても GDP を引き上げる効果をもたらす。以上のシミュレーション結果は，ASEAN 諸国にとって差異のある自由化を推進することが重要であることを示唆しているといえる。

第2節　シミュレーション結果の解釈
──グローバル・バリュー・チェインの観点から──

シミュレーション結果では，貿易障壁削減による GDP への効果の差異を支配するのは，輸出と輸入が受ける影響の相違によるものであることがみてとれた。それでは，さらに踏み込んで，カンボジアはなぜ輸入の影響を受けやすいのか，マレーシアやタイではなぜ輸出が主導する構造になっているのか，ベトナムでいま一つ輸出主導の姿がはっきりしないのはなぜか，という疑問が生じる。この問いに答えるためには，ASEAN 諸国の先発・後発加盟国のそれぞれが，どのようにグローバル・バリュー・チェインに組み込まれ，またそれに対応して裾野産業も含めた国内産業がどの程度発展しているか，という点を考察しておく必要がある。そこで本節では，まず東アジアにおけるグローバル・バリュー・チェインの意義を示し，アジアにおけるグローバル・バリュー・チェイン参加の発展段階経路（スマイル・カーブ）を観察し，ASEAN 諸国における先発・後発加盟国のそれぞれがどの段階に位置するかを確認した上で，上記の疑問に答えることとしたい。

2-1.　東アジアにおけるグローバル・バリュー・チェイン

グローバル・バリュー・チェインは，2013 年の世界投資報告（UNCTAD 2013）によれば，企業の種々の生産活動・工程が発展段階の異なる経済間で分業化されることと定義されている。この現象は，経済学における企業活動の理論として，しばしばフラグメンテーション理論（Jones and Kierzkowski 1990;2005）で説明される。この理論では，企業の生産工程の分断化は，生産要素価格差（例えば賃金格差）とサービス・リンク・コスト（生産工程間を連結させるコスト）の2つの要因で決定されるとしている。すなわち，例えば，賃金格差が大きければ大きいほど，またサービス・リンク・コストが低ければ低いほど，生産工程のフラグメンテーションは進むことになる。東アジアにおいては，発展段階の異なる数多くの国が存在することから諸国間の賃金

格差は大きく，また各国政府及び政府間協力によるインフラ整備により通信・輸送コスト等のサービス・リンク・コストが低下してきていることから，今後一層，企業活動のフラグメンテーションによるグローバル・バリュー・チェインの進化が見込まれることになる。また，こうした東アジアにおけるグローバル・バリュー・チェインの延伸は，各国の付加価値や雇用を創出することで，同地域の経済発展やコンバージェンスに寄与しているといわれてきた（例えば，Kimura 2006)。

　2016 年の世界銀行報告（World Bank 2016）では，グローバル・バリュー・チェインを定量的に分析する観点から，その概念整理を行っている。同報告では，グローバル・バリュー・チェインの本質は，Baldwin and Lopez-Gonzalez (2013) が表現するところの "importing to export"（輸出のための輸入）にあるとした上で，これを売り手側の視点（自国の輸出品が他国の第三国への輸出に使われている――主に先進国の視点）と買い手側の視点（自国の輸出のために必要な素材・部品を他国から輸入する――主に開発途上国の視点）に分けて分析している。本章では，ASEAN 諸国を議論の対象としていることから，この分類でいえば，買い手側の視点で議論を進めることとする。

2-2．グローバル・バリュー・チェイン参加の発展段階経路の先行研究

　グローバル・バリュー・チェインの参加による付加価値の創出に関する研究は，個別の企業や産業に関するものがほとんどで，国レベルで分析したものはあまり存在しない。その理由は，分析に必要な国レベルのデータが取得しがたいことにあったが，OECD，UNCTAD 等の国際機関がここ数年の間にいわゆる付加価値貿易データを公表した後は，グローバル・バリュー・チェインの国レベルの分析が行われるようになった。

　この付加価値貿易データを活用して，グローバル・バリュー・チェイン参加による国レベルの経済的影響を包括的に分析したのが 2013 年の世界投資報告（UNCTAD 2013）である[2]。代表的な分析結果の例を挙げると，1 つは，

2) この世界投資報告で使われた付加価値貿易データは，UNCTAD-Eora データである。

グローバル・バリュー・チェインへの参加度合いと 1 人当たり GDP 成長率の関係を統計的に検証し，先進国・開発途上国を含めて両者は有意な正の関係にあることを見出した。もう 1 つの分析結果は，グローバル・バリュー・チェインへの参加度合いと輸出に占める国内付加価値比率との関係を開発途上国 125 カ国の 20 年間の推移について検証し，あるグループ（マレーシア，フィリピン，タイ等）について，グローバル・バリュー・チェイン参加の発展段階経路，すなわち，一旦減少した輸出の国内付加価値比率が産業の高度化により増加に転じることを見出した。

　その後，Taguchi（2014）は，上記の世界投資報告の分析をグローバル・バリュー・チェイン延伸の潜在力の高いアジアに適用し，グローバル・バリュー・チェイン参加の発展段階経路を，OECD の付加価値貿易データ [3] を用いて，アジア 8 カ国における輸出の国内付加価値比率と 1 人当たり GDP の関係で表した。その結果，両者の関係は非線形の U 字型（スマイルカーブ）となり，1 人当たり GDP の一定の時点で輸出の国内付加価値比率が減少から増加に転じる転換点が存在すること，また，その転換点は産業ごとに異なり，機械産業は食品・繊維産業に比べて 1 人当たり GDP が高い時点で転換点を迎えること等を見出した。また，Taguchi et al.（2018）では，改定された OECD の付加価値貿易データ [4] を用いて，上記のアジアのグローバル・バリュー・チェイン参加の発展段階経路の実証分析のアップデートを行っている。

2-3.　グローバル・バリュー・チェイン参加の発展段階経路の考え方

　ここでは，グローバル・バリュー・チェイン参加の発展段階経路の考え方を Taguchi（2014）に基づいて解説し，そのアジアにおける実証分析結果を Taguchi et al.（2018）に基づいて示すこととしたい。図 2-1 は，グローバル・

3）このデータは OECD Global Value Chains indicators – May 2013 である。
　https://stats.oecd.org/Index.aspx?DataSetCode=GVC_INDICATORS
4）このデータは OECD Trade in Value Added（TiVA）: December 2016 である。
　https://stats.oecd.org/index.aspx?queryid=75537

図 2-1　グローバル・バリュー・チェイン参加の発展段階経路の考え方

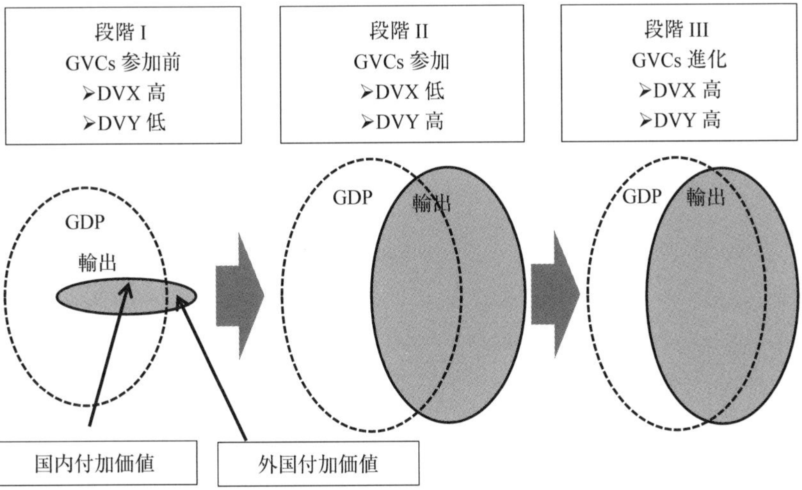

（出所）Taguchi（2014）からの抜粋。
（注）GVCs：グローバル・バリュー・チェイン，DVX：輸出に占める国内付加価値の比率，
　　　DVY：輸出に占める国内付加価値分の GDP に対する比率。

バリュー・チェイン参加の発展段階経路の考え方を示したものである。ここ
で，DVX は輸出に占める国内付加価値の比率，DVY は輸出に占める国内付
加価値分の GDP に対する比率を示している。段階 I はグローバル・バリュー・
チェイン参加前の経済の姿を示していて，その段階では，DVX は高いが
DVY は低い。この段階では，輸出品のほとんどは国内だけで作られていて，
その付加価値の GDP に占める割合は低いと想定される。段階 II は，経済が
グローバル・バリュー・チェイン参加した初期の場合で，DVX は低くなり
DVY は高くなる。この段階では，輸出品を製造するのに多くの素材や部品
を外国からの輸入に頼らなければならないからであるが，一方で輸出を構成
する国内付加価値の絶対量は大きくなり，それが GDP に占める割合も大き
くなる。段階 III は，経済がグローバル・バリュー・チェインに組み込まれる
成熟段階を示していて，DVX は再び高くなり DVY も引き続き高い。この
段階では，グローバル・バリュー・チェインの下で外国からの技術移転を吸

41

収し国内産業が高度化されることで，輸出に占める国内付加価値の割合も高まることになり，同時にその国内付加価値のGDPに対する割合も高い水準を維持する。

　ここで，段階Ⅲにおいて，輸出に占める国内付加価値の割合がたかまるメカニズムについて整理しておこう。1つは，グローバル・バリュー・チェインに組み込まれるなかで，外国資本が主導する生産のプロセスに地場の産業や企業が加わることである。例えば生産プロセスの一部の労働集約的な生産工程を地元の生産主体にアウトソーシングする場合などである。2つは，輸出品の生産に必要な素材や部品を，輸入に全面的に依存するのではなく，国内で供給できるように裾野産業が発達することである。3つは，裾野産業も含めた輸出にかかわる産業・企業の生産性が向上し，高付加価値化することである。いずれの場合も，グローバル・バリュー・チェインに組み込まれることにより，外国から移転される技術がいかに国内の生産プロセスに吸収されるかが，国内付加価値の押上げの鍵となる。また，以上のメカニズムのなかで，2つ目と3つ目のプロセスは，国内産業において，低付加価値部門や組立て・加工等の労働集約的生産活動のみの「薄い」産業構造から，高付加価値部門や裾野産業を含む「厚みのある」産業構造への転換を図ろうとするものであり，中所得国にとっては，Gill and Kharas（2007）が指摘するいわゆる「中所得国の罠」からの回避や脱却にも寄与するプロセスである。ただし，ここで留意が必要なことは，図2-1で示されるグローバル・バリュー・チェイン参加の発展段階経路は，自動的・機械的に生まれてくるものではなく，とくに段階Ⅲに至る経路については，外国からの技術移転を活用しながら国内産業の高度化や裾野産業の育成を図るための政府の政策・戦略が重要な役割を果たすものと考えられる。

2-4. アジアにおける発展段階経路の実証分析とASEAN諸国の位置づけ

　さて，ここで改めて図2-1で示されたグローバル・バリュー・チェイン参加の発展段階経路のなかで，輸出に占める国内付加価値の比率を表す

DVXの推移に着目すると，段階Ⅰから段階Ⅲまで線形的な推移をたどるのではなく，高→低→高の非線形のU字型（スマイルカーブ）が描かれることを想定している。これが現実の世界で果たして成立しているのかどうか。Taguchi et al.（2018）では，このスマイルカーブの関係をアジアにおいて実証的に示しており，図2-2及び表2-2でその結果を抜粋している。

　この実証研究において，着目する経済変数は以下の2つである。1つは，上記のDVX，すなわち輸出に占める国内付加価値の比率であり，データは既に述べたOECDの付加価値貿易である。2つ目は，経済の発展段階を示す1人当たりGDPであり，データはIMF（国際通貨基金）の世界経済予測データベース（World Economic Outlook Database）である[5]。アジアのデータサンプルは，OECDの付加価値貿易データの制約を受ける。すなわち，アジアの対象国は，カンボジア，中国，インド，インドネシア，マレーシア，フィリピ

図2-2　アジアにおけるスマイルカーブの実証結果（製造業計）（1995-2014年）

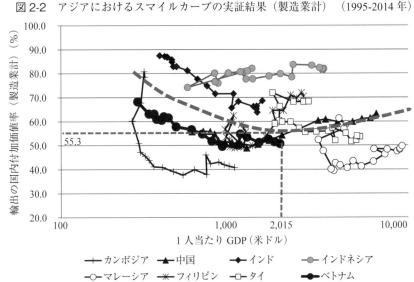

（出所）Taguchi et al.（2018）からの抜粋。

<hr>

5）データベースについては，http://www.imf.org/en/data 参照。

表2-2　アジアにおけるスマイルカーブの推計結果（製造業計）

変数	輸出に占める 国内付加価値比率	輸出に占める 国内付加価値比率
定数項	4.258 ***	7.604 ***
	(21.625)	(12.295)
1人当たりGDP	-0.025	-0.943 ***
	(-1.007)	(-5.603)
(1人当たりGDP)^2		0.062 ***
		(5.405)
転換点 米ドル（輸出の国内付加価値率%）		2,015 (55.3)
自由度修正済決定係数	0.000	0.166
サンプル数	160	160
ハウスマンテスト		
Chi-Sq. Statistic	0.032	0.000
Chi-Sq. d.f.	1	2
確率	0.857	1.000
推計方法	ランダム効果	ランダム効果

（出所）Taguchi et al.（2018）からの抜粋。
（注）***は有意水準1%を示し，当該係数の下のかっこ内の数値はt値を示す。

ン，タイ，ベトナムの8カ国であり，サンプル期間は1995 〜 2014年である。
産業の対象は製造業とし，これはさらに，食品，繊維製品，木材製品，化学
製品，金属製品，機械機器，電気製品，輸送機器の8分類に分けられる。上
記の両変数の関係を製造業計及び産業8分類で推計するにあたっては，8カ
国で1995 〜 2014年のパネルデータを構築して，線形と二次関数の推計をそ
れぞれ実施する。

　表2-2により，製造業計についての推計結果をみると，線形推計につい
ては有意な結果が得られず，二次関数についてはU字型（スマイルカーブ）
の有意性が確認された。その転換点については，1人当たりGDPで2015ドル，
輸出に占める国内付加価値の比率で55.3%であった。この推計結果をグラフ
上でプロットしたのが図2-2である。サンプル8カ国の位置をみると，マレー
シア，中国，タイ，インドネシア，フィリピンでは転換点を超え，輸出に占

める国内付加価値比率が増加する段階にあるのに対し，ベトナム，インド，カンボジアでは転換点に達したばかりか，それに至らず，輸出に占める国内付加価値比率が減少する局面にとどまっていることがわかる。

　輸出に占める国内付加価値比率と1人当たりGDPの関係について，製造業の8分類ごとに同様の推計を行った結果，製造業計と同じように二次関数についてU字型（スマイルカーブ）の有意性が確認され，その転換点を8分類ごとに示したのが図2-3である。これによれば，食品，繊維製品，機械機器，電気製品で製造業計よりも1人当たりGDPが低い時点で転換点を向かえ，木材製品，化学製品，金属製品，輸送機器で1人当たりのGDPが高

図2-3　製造業8分類ごとのスマイルカーブ転換点と対象国経済の位置

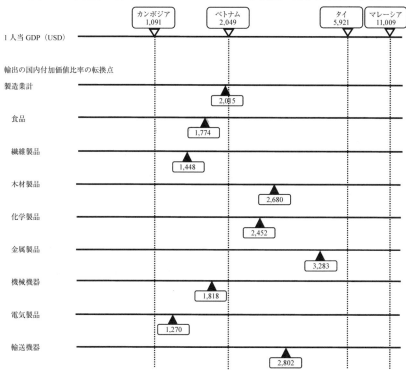

（出所）Taguchi et al.（2018）に基づき筆者作成。

い時点で転換点に至ることが示されている。第1節のシミュレーションの対象国である4カ国の2014年（推計期間の最後の年）時点の位置づけを，産業ごとの上記の転換点との関係でみると，ASEAN先発加盟国であるタイ及びマレーシアにおいては，全ての産業において転換点を超えている位置にあるのに対し，後発加盟国であるカンボジアについて全ての産業において転換点に至っておらず，またベトナムについては，転換点を超える産業と転換点に至っていない産業が混在している状況にあることが示されている。

2-5. シミュレーション結果の解釈

ここで改めて，Taguchi et al.（2018）で示されたアジアにおけるグローバル・バリュー・チェイン参加の発展段階経路の実証分析結果と，第1節のシミュレーションの対象としたASEAN先発・後発加盟国の位置づけについて整理をしておこう。実証分析では，アジアの製造業において，輸出に占める国内付加価値の比率が1人当たりGDPに対して，高→低→高の非線形のU字型（スマイルカーブ）の関係にあることが示された。このなかで，先発加盟国であるマレーシア及びタイにおいては，輸出に占める国内付加価値の比率の転換点を超えており，一方後発加盟国であるカンボジアでは転換点に至らず，ベトナムでは産業によって転換点の位置が混在していることがわかった。以上から，マレーシア及びタイは，グローバル・バリュー・チェインに組み込まれるなかで，すでに外国から移転される技術を吸収し高付加価値部門や裾野産業を含む「厚みのある」産業構造を構築している段階にある一方で，カンボジアやベトナム（の一部産業）では，グローバル・バリュー・チェイン参加の初期の段階にあり，国内産業において，低付加価値部門や組立て・加工等の労働集約的生産活動の構造にとどまっていることが推測される。

以上の結果により，第1節のシミュレーション結果は，以下のように解釈できるであろう。シミュレーション結果において，貿易障壁削減によるGDPへの効果については，カンボジアは輸入が輸出に対して大きく増加するためマイナスの効果をもたらす一方で，ベトナム，タイ及びマレーシアは

輸出増加の寄与が大きく GDP への効果はプラス（ただしベトナムはその効果が小さい）となる対比が見出された。すなわち，貿易障壁削減の効果として，カンボジアは輸入が影響を受けやすく，タイ，マレーシアは輸出が大きく影響を受け，ベトナムはその中間にあるといえる。これは，それぞれの国が，グローバル・バリュー・チェインに組み込まれるなかで，国内産業の発展度合いが異なることから生じるものと解釈できる。カンボジアでは，たとえ輸出が増加する局面になっても素材・部品の供給のほとんどを輸入に依存しているため，輸入も同時に増える構造になっているのに対し，タイ，マレーシアでは，輸出が増える局面で「厚みのある」国内産業が輸出のための生産を支えるため，輸入がそれほど増えない構造になっており，ベトナムは産業によってその構造が異なっているものと考えられる。

結びにかえて——シミュレーション結果の政策的含意——

　本章のシミュレーション結果からは，今後課題が残されている ASEAN 諸国の非関税障壁を中心とした貿易障壁を削減していく際に，先発・後発加盟国に対して一律の削減を行った場合には，後発国の経済にマイナスの影響を与え，加盟国間の経済格差を拡大させる可能性があり，一方加盟国間で差異のある削減を行った場合には，経済格差が是正されるとともに加盟国全体として経済にプラスの影響を与える可能性があることが見出された。このことから，貿易障壁削減に当たっては，加盟国の経済・産業の発展段階を考慮して，差異のある自由化を促進していく必要があることが示唆された。

　この場合，カンボジアのような後発加盟国にとっての政策的含意は何であろうか。すでにグローバル・バリュー・チェイン参加の発展段階経路で述べたように，輸出生産に対する国内産業が生み出す付加価値の寄与の高まりは，自動的・機械的に生まれてくるものではなく，外国からの技術移転を活用しながら国内産業の高度化や裾野産業の育成を図るための政府の政策・戦略が

重要な役割を果たす。こうした政策努力があってこそ，自由化により輸出が増える局面で「厚みのある」国内産業が輸出生産を支える経済・産業構造に転換できるものと考えられる。ただし，政策対応も含めた経済・産業構造の転換は一朝一夕には実現できるものではなく，一定の猶予期間が必要であろう。今後，後発加盟国に対しても貿易障壁の削減が避けられないものであるとすれば，シミュレーションのケースＣが示すように漸次の削減とし，この間の猶予をもって経済・産業構造の転換を図っていくしか道は残されていないといえよう。

〔参考文献〕

Baldwin, R. and Javier Lopez-Gonzalez 2013. "Supply-Chain Trade: A Portrait of Global Patterns and Several Testable Hypotheses." NBER Working Paper 18957. National Bureau of Economic Research, Cambridge, MA.

Gill, I. and H. Kharas 2007. *An East Asian Renaissance*. IBRD and World Bank.

Jones, R.W. and H. Kierzkowski 1990. "The Role of Services in Production and International Trade: A Theoretical Framework." In *The Political Economy of International Trade: Essays in Honor of Robert E. Baldwin.* eds. R. Jones and A. Krueger. Oxford: Basil Blackwell.

——— 2005. "International Trade and Agglomeration: An Alternative Framework." *Journal of Economics* 10(S1): 1-16.

Kimura, F. 2006. "International Production and Distribution Network in East Asia: Eighteen Facts, Mechanics, and Policy Implication." *Asian Economic Policy Review* 1(2): 326-344.

Taguchi, H. 2014. "Dynamic Impacts of Global Value Chains Participation on Asian Developing Economies." *Foreign Trade Review* 49(4): 313-326.

Taguchi, H. et al. 2018. "The Involvement in Global Value Chains and Its Policy Implication: Evidence of Vietnam." mimeographed.

UNCTAD 2013. *World Investment Report - Global Value Chains: Investment and Trade for Development.* UNCTAD.

World Bank 2016. *Making Global Value Chains Work for Development.* World Bank Group.

第3章

東アジアの貿易構造とマクロ経済的リンケージ
――タイのケースを中心に――

ブー・トゥン・カイ

はじめに

　東アジアではここ数十年において貿易や投資の面で経済統合が進展しており，その中で興味深い貿易構造が形成されてきた。すなわち，東アジアの域内貿易では中間財貿易が非常に盛んに行われ域内貿易全体の主要な部分を成している一方，域外との貿易においては最終財貿易がより大きなシェアを占めている，という貿易構造である。

　本章の目的は次の2つである。1つは，データを用いて上記の貿易構造に関する事実を整理することである。その際に，マクロレベルのデータにとどまらず産業別や財種別といったよりミクロ的な貿易データも使用することによってこの貿易構造の詳細をみる。もう1つの目的は，この貿易構造の下で東アジア各国間におけるマクロ経済相互依存がどのようになっているか（例えば，域内のある国で発生する産出量ショックなどのようなショックが他の国にどのように波及していくか），それが貿易構造とどう関連しているかを明らかにすることである。ここではタイのケースを取り上げ，分析する。

　本章では東アジア各国間のマクロ経済相互依存を実証的に分析するための手法として，ベクトル自己回帰（VAR）モデルを用いる。今やマクロ経済学の実証において広く活用されている手法としてのVARモデルは，マクロ経

済変数間の動学的相互依存関係を分析するのに適したツールである[1]。本章の研究は，このツールを東アジアの貿易やマクロ経済の分析に応用したものである。

　上述の東アジアの貿易構造について，貿易・直接投資の文献では産業別データや企業レベルのデータを用いていくつかの研究が行われている（例えば，Ando（2005），Fukao, Ishido and Ito（2003），Kimura（2006）など）。また，開放マクロ経済学の文献では Shioji（2006）や Vu（2017）などのように国際マクロ経済的視点からこの貿易構造を分析する理論研究がいくつかある。なお，後者の文献で Vu（2017）は東アジア域内の中間財貿易を理論モデルに組み入れた初めての研究である。しかしながら，開放マクロ経済学の文献における実証研究はまだ少なく，筆者が知っている限りでは Vu（2018）ぐらいである。Vu（2018）では東アジア地域全体に関する傾向や共通のパターンの分析に重点が置かれているため，各国について必ずしも十分な紙幅が割かれていない。この点を踏まえて本章ではタイ経済を研究事例として取り上げ，詳細に分析を行い，それを通じて Vu（2017；2018）の分析結果と関連付けながら東アジア全体について再考察を行う。

第1節　東アジアの貿易構造の概観

　本節では表 3-1 ～ 3-5 を用いながら東アジアの貿易構造について概観する。特に，その中で域内貿易において中間財が際立っている存在であることを明らかにする。

　表 3-1 では，1990 ～ 2015 年の期間における東アジア，NAFTA，および EU のそれぞれの域内貿易比率の推移が示されている。この表より，東アジアの域内貿易比率は 1990 年代前半において上昇し，それ以降は 50％の水準

---

1)　VAR モデルも含めて近年のマクロ経済分析で用いられている手法については田口・ブー（2018）で詳しく紹介されている。

50

表 3-1　東アジア，NAFTA，及び EU の域内貿易比率の推移，1990 年〜 2015 年

(%)

	1990	1995	2000	2005	2010	2015
東アジア	43.1	50.5	50.2	51.1	50.1	49.3
NAFTA	35.9	39.6	45.0	41.1	38.8	39.1
EU	67.6	67.9	63.5	64.7	61.4	61.4

(出所)　RIETI-TID のデータを用いた Vu(2018) の算出結果に基づく。
(注)　域内貿易比率は域内貿易を，域内貿易と域外貿易の合計である貿易総額で除するものであると定義される。各地域に含まれる国（また領土）は次の通りである。東アジア：日本，中国，香港，台湾，韓国，シンガポール，タイ，インドネシア，マレーシア，フィリピン，ベトナム，ブルネイ，カンボジア。NAFTA：カナダ，米国，メキシコ。EU（28 カ国）：英国，フランス，ドイツ，イタリア，オーストリア，ベルギー，ルクセンブルク，デンマーク，フィンランド，ギリシア，アイルランド，オランダ，ポルトガル，スペイン，スウェーデン，ブルガリア，キプロス，チェコ，エストニア，ハンガリー，ラトビア，リトアニア，マルタ，ポーランド，ルーマニア，スロベニア，クロアチア，スロバキア。

で安定的に推移していることが分かる。つまり，近年では東アジアが行っている貿易のうち，その半分が東アジア各国同士で行われているのである。この数字は，EU の 61％（2015 年）より低いが，NAFTA の 39％（同年）より高い。このような EU の高い域内貿易比率の背後に，EU が国家間の政治経済統合体として創設され，その過程で EU 域内で財・サービス貿易の自由化のみならず生産要素市場の統合を促進するための制度が構築されたり，あるいは EU の主要な部分を成しているユーロ圏における共通通貨の導入や共通の金融政策運営といった要因が大きく寄与していると考えられる。東アジアでは，この EU のように経済統合を促進する政策や制度が整備されていないが，それでも域内貿易比率が EU のそれとそれほど大きく異ならないのが興味深い点であり，その背後に民間経済主体の自発的経済活動を通じて域内の経済統合が促進されているという面が大きいことがうかがえる。

　以下では，この東アジア域内貿易の中身についてより詳細にみていく。

　表 3-2 では，東アジア，NAFTA，および EU の域内・域外貿易に占める財別シェアが示されている。ただし，これらのシェアは，2000 〜 2015 年の期間の平均である。表 3-2 より観察される事実のうち，東アジアの貿易構

表 3-2　東アジア，NAFTA，及び EU の域内・域外貿易に占める財別シェア
（2000 年～ 2015 年の平均）

(%)

素材

輸出元＼輸出先	東アジア	NAFTA	EU
東アジア	4.5	1.0	1.6
NAFTA	14.9	13.6	7.7
EU	3.8	2.3	5.3

中間財

輸出元＼輸出先	東アジア	NAFTA	EU
東アジア	63.8	35.4	38.3
NAFTA	52.4	47.2	51.7
EU	50.2	50.1	50.6

最終財

輸出元＼輸出先	東アジア	NAFTA	EU
東アジア	31.7	63.6	60.0
NAFTA	32.6	39.2	40.7
EU	45.9	47.6	44.1

（出所）　RIETI-TID のデータを用いた Vu（2018）の算出結果に基づく。

造について次の 2 つが特に注目すべき点である。1 つは，東アジアの域内貿易の主要な部分を中間財貿易が占めることである。域内貿易に占める中間財のシェアは，NAFTA と EU の場合が 50％程度であるのに対し，東アジアの場合は 64％とかなり高い。もう 1 つの事実は，東アジアから域外への輸出において最終財が主要な部分であり，そのシェアは 6 割以上であるということである。この数字も NAFTA と EU と比べ高い。これらの事実より，近年東アジアでは域内で中間財を生産・貿易し，そしてそれを用いて最終財を生産し，それを域外へ輸出するというのが東アジアの貿易構造を特徴づける 1 つの興味深いパターンであると言える。

　表 3-3 では，東アジアの域内・域外貿易に占める各産業のシェアが示さ

れている。この表から分かるように，域内貿易においては電気機械が1990年からシェアを伸ばしており，直近の2015年には3割を超える突出した存在である。このほか，近年シェアが大きい順として一般機械や化学，鉄鋼・非鉄金属が挙げられる。一方，域外への輸出においては電気機械，一般機械，輸送機械，化学が上位を占めている。また，域外からの輸入においては最も大きなシェアを有しているのは石油・石炭，化学，鉄鋼・非鉄金属である。

　表3-4は，東アジア域内における素材・中間財・最終財の各財種貿易に占める産業別シェアを示しているが，ここでは，ある財種の貿易を100％とし，そのうち各産業がどのようなシェアを占めるかが示されている。換言すれば，表3-4をみることにより財種別貿易における各産業の相対的な重要性が分かる。この表より，域内の素材貿易においては石油・石炭，鉄鋼・非鉄金属，パルプ・紙・木製品がトップ3であることが分かる。域内の中間財貿易においては電気機械が圧倒的に大きなシェアをもち，2015年にはその値が40％である。このほか，化学と鉄鋼・非鉄金属も上位に入っている。また，域内の最終財貿易においては電気機械と一般機械がそれぞれ25％近くと最も大きなシェアを占めている。

　表3-5は，東アジア域内における各産業の貿易に占める財種別シェアを示しているが，ここでは，ある産業の貿易を100％とするとき，そのうち各財種がどのようなシェアを占めるかが示されている。換言すれば，表3-5をみることにより産業別貿易における各財種の相対的な重要性が分かる。この表より，中間財のシェアが大きな産業は，化学，鉄鋼・非鉄金属，土石・ガラス・コンクリート製品，パルプ・紙・木製品，電気機械，輸送機械である。一方，最終財のシェアが大きな産業は，食品，家庭用電気器具，玩具・雑貨，精密機械，一般機械である。

表 3-3 東アジアの域内・域外貿易に占める産業別シェア

東アジア域内貿易に占める各産業のシェア（%）

	1990	1995	2000	2005	2010	2015
食品	6.0	4.7	3.5	2.7	2.8	3.5
土石・ガラス・コンクリート製品	1.7	1.6	1.3	1.2	1.3	1.6
一般機械	12.0	14.6	16.3	15.1	14.0	12.7
電気機械	15.9	21.0	27.4	29.4	28.7	33.5
家庭用電気器具	5.0	5.5	4.1	3.8	2.7	2.2
輸送機械	4.8	3.7	2.3	2.5	3.4	3.3
パルプ・紙・木製品	8.3	7.2	5.3	4.1	4.2	4.1
石油・石炭	10.8	5.7	6.9	7.9	9.2	6.7
繊維	12.3	11.0	9.3	6.3	4.8	5.0
精密機械	1.2	1.8	2.4	4.2	4.4	3.9
玩具・雑貨	5.6	5.4	4.6	3.4	2.8	2.9
化学	7.8	8.8	9.4	10.5	11.7	11.4
鉄鋼・非鉄金属	8.6	8.6	7.2	8.8	9.9	9.1

東アジアの域外への輸出に占める各産業のシェア（%）

	1990	1995	2000	2005	2010	2015
食品	2.8	2.1	1.9	1.9	2.4	2.5
土石・ガラス・コンクリート製品	1.4	1.3	1.5	1.7	1.8	1.8
一般機械	16.5	20.9	21.1	19.4	17.0	17.0
電気機械	15.7	19.9	20.3	18.4	18.0	19.5
家庭用電気器具	8.1	6.6	6.7	7.9	6.2	4.9
輸送機械	16.6	12.6	12.4	12.0	11.2	10.7
パルプ・紙・木製品	7.3	7.0	6.1	6.3	7.4	7.3
石油・石炭	1.3	0.9	1.3	2.1	2.7	1.9
繊維	10.7	8.8	8.2	8.2	8.8	8.4
精密機械	2.1	2.2	2.2	1.8	2.0	2.1
玩具・雑貨	8.4	8.1	8.6	8.7	7.9	7.6
化学	4.7	5.6	5.3	6.4	7.9	8.7
鉄鋼・非鉄金属	4.4	4.0	4.3	5.1	6.7	7.7

表 3-3　（続き）

東アジアの域外からの輸入に占める各産業のシェア（%）

	1990	1995	2000	2005	2010	2015
食品	10.8	11.0	9.0	7.0	6.5	8.7
土石・ガラス・コンクリート製品	2.9	2.5	2.1	2.3	1.9	2.4
一般機械	11.3	13.3	11.6	10.0	8.9	8.7
電気機械	8.8	12.3	17.3	12.1	8.2	8.2
家庭用電気器具	0.9	1.2	1.0	0.7	0.3	0.4
輸送機械	6.8	7.1	4.1	4.6	4.8	7.8
パルプ・紙・木製品	7.8	8.1	6.6	5.6	5.7	6.9
石油・石炭	17.1	12.5	20.6	26.9	29.9	23.8
繊維	4.2	4.0	2.5	2.1	1.6	2.0
精密機械	1.3	1.6	2.2	2.1	1.6	2.1
玩具・雑貨	3.8	3.0	2.5	2.1	2.0	2.8
化学	11.3	11.5	10.6	10.6	10.4	11.8
鉄鋼・非鉄金属	13.1	12.1	9.9	13.7	18.1	14.7

（出所）　RIETI-TID のデータを基に筆者作成。

表3-4　東アジア域内における各財種の貿易に占める産業別シェア

東アジア域内の素材貿易に占める各産業のシェア（%）

	1990	1995	2000	2005	2010	2015
食品	5.6	6.8	8.5	5.1	3.9	4.6
土石・ガラス・コンクリート製品	4.6	6.6	6.2	4.3	4.2	6.2
一般機械	0.0	0.0	0.0	0.0	0.0	0.0
電気機械	0.0	0.0	0.0	0.0	0.0	0.0
家庭用電気器具	0.0	0.0	0.0	0.0	0.0	0.0
輸送機械	0.0	0.1	0.4	0.0	0.5	0.1
パルプ・紙・木製品	27.2	27.9	18.3	15.0	17.7	19.1
石油・石炭	51.5	44.0	50.7	54.4	45.5	41.0
繊維	2.3	1.9	2.6	0.7	0.5	0.7
精密機械	0.0	0.0	0.0	0.0	0.0	0.0
玩具・雑貨	0.0	0.0	0.0	0.0	0.0	0.0
化学	0.4	1.3	2.1	3.0	3.6	3.3
鉄鋼・非鉄金属	8.4	11.4	11.4	17.6	24.1	24.9

東アジア域内の中間財貿易に占める各産業のシェア（%）

	1990	1995	2000	2005	2010	2015
食品	1.1	0.6	0.3	0.3	0.4	0.6
土石・ガラス・コンクリート製品	2.2	2.0	1.6	1.5	1.7	2.1
一般機械	8.4	9.8	11.5	11.2	9.2	7.9
電気機械	18.5	28.1	35.4	36.7	35.3	40.0
家庭用電気器具	2.4	2.8	2.2	1.5	0.9	0.6
輸送機械	5.1	3.2	1.8	2.1	2.5	2.6
パルプ・紙・木製品	6.7	6.3	4.7	3.5	3.4	3.5
石油・石炭	11.6	6.4	8.1	8.7	10.6	8.1
繊維	13.2	10.6	7.4	4.5	3.5	3.8
精密機械	0.7	0.9	1.4	2.2	2.5	2.2
玩具・雑貨	3.2	2.1	1.4	0.9	0.8	0.9
化学	12.9	13.7	13.7	14.8	16.0	15.4
鉄鋼・非鉄金属	13.9	13.4	10.5	12.2	12.9	12.3

表 3-4　（続き）

東アジア域内の最終財貿易に占める各産業のシェア（%）

	1990	1995	2000	2005	2010	2015
食品	13.1	10.6	8.4	7.3	8.0	9.2
土石・ガラス・コンクリート製品	0.4	0.4	0.3	0.2	0.1	0.2
一般機械	20.0	23.6	26.3	25.2	26.7	24.0
電気機械	15.8	13.1	16.8	18.9	19.2	24.2
家庭用電気器具	9.9	10.2	7.7	9.0	7.0	5.6
輸送機械	5.5	5.0	3.4	3.8	5.9	5.2
パルプ・紙・木製品	6.4	6.1	4.9	3.8	3.4	3.7
石油・石炭	0.0	0.0	0.0	0.0	0.0	0.0
繊維	13.2	12.7	13.4	10.5	8.2	7.9
精密機械	2.2	3.4	4.4	8.9	9.4	8.0
玩具・雑貨	10.5	11.1	10.6	8.8	7.7	7.2
化学	2.0	2.5	2.8	2.9	3.4	4.1
鉄鋼・非鉄金属	1.0	1.1	1.1	0.8	0.8	0.8

（出所）　RIETI-TID のデータを基に筆者作成。

表 3-5　東アジア域内における各産業の貿易に占める財種別シェア

東アジア域内の各産業の貿易に占める素材のシェア（%）

	1990	1995	2000	2005	2010	2015
食品	8.1	6.8	9.5	8.0	6.8	4.9
土石・ガラス・コンクリート製品	22.9	19.2	19.1	15.1	15.7	14.1
一般機械	0.0	0.0	0.0	0.0	0.0	0.0
電気機械	0.0	0.0	0.0	0.0	0.0	0.0
家庭用電気器具	0.0	0.0	0.0	0.0	0.0	0.0
輸送機械	0.1	0.1	0.7	0.1	0.7	0.1
パルプ・紙・木製品	28.4	18.0	13.6	16.0	21.2	16.9
石油・石炭	41.6	35.9	29.0	29.8	24.6	22.5
繊維	1.6	0.8	1.1	0.5	0.5	0.5
精密機械	0.0	0.0	0.0	0.0	0.0	0.0
玩具・雑貨	0.0	0.0	0.0	0.0	0.0	0.0
化学	0.4	0.7	0.9	1.2	1.5	1.1
鉄鋼・非鉄金属	8.5	6.1	6.3	8.7	12.1	10.0

東アジア域内の各産業の貿易に占める中間財のシェア（%）

	1990	1995	2000	2005	2010	2015
食品	10.0	7.8	6.0	7.4	9.5	11.0
土石・ガラス・コンクリート製品	68.8	72.2	73.5	80.2	81.1	82.5
一般機械	38.0	38.3	42.7	47.1	43.2	40.1
電気機械	63.0	76.2	78.2	79.6	80.2	77.1
家庭用電気器具	26.4	29.3	32.7	25.3	22.8	18.9
輸送機械	57.7	48.5	47.0	52.3	48.2	50.9
パルプ・紙・木製品	43.3	49.5	53.6	54.1	54.2	54.7
石油・石炭	58.4	64.1	71.0	70.2	75.4	77.5
繊維	58.4	55.0	48.0	46.1	48.2	49.5
精密機械	31.9	29.0	35.1	32.9	37.3	35.4
玩具・雑貨	30.5	22.0	18.4	17.6	19.2	21.2
化学	89.8	88.4	88.3	90.1	89.8	87.4
鉄鋼・非鉄金属	87.2	88.8	88.4	88.3	85.5	87.2

表 3-5　（続き）

東アジア域内の各産業の貿易に占める最終財のシェア（%）

	1990	1995	2000	2005	2010	2015
食品	81.9	85.5	84.5	84.6	83.7	84.1
土石・ガラス・コンクリート製品	8.3	8.6	7.4	4.7	3.3	3.4
一般機械	62.0	61.7	57.3	52.9	56.8	59.9
電気機械	37.0	23.8	21.8	20.4	19.8	22.9
家庭用電気器具	73.6	70.7	67.3	74.7	77.2	81.1
輸送機械	42.3	51.4	52.3	47.7	51.0	49.0
パルプ・紙・木製品	28.3	32.5	32.8	30.0	24.6	28.3
石油・石炭	0.0	0.0	0.0	0.0	0.0	0.0
繊維	40.0	44.2	50.9	53.4	51.3	49.9
精密機械	68.1	71.0	64.9	67.1	62.7	64.6
玩具・雑貨	69.5	78.0	81.6	82.4	80.8	78.8
化学	9.8	10.9	10.8	8.7	8.7	11.5
鉄鋼・非鉄金属	4.3	5.1	5.3	3.0	2.4	2.8

（出所）　RIETI-TID のデータを基に筆者作成。

第2節　タイの貿易構造の概観

　上記では東アジア全体の貿易状況についてみたが，ここではタイのケースを取り上げ国レベルでみてみる。タイを取り上げる理由としては，その貿易構造，とりわけ中間財貿易についていくつかの重要な特徴で東アジア全体とかなり類似しており，東アジア全体の代表としてみなせるからである。また，もう1つの理由としては次節の計量経済モデルを用いる分析においてもタイのデータを使用するからである。

　表 3-6 は近年のタイ経済の対外開放度（openness）を示している。ただし，対外開放度は輸出と輸入の合計である貿易総額を GDP で割るものである。ここから分かるように，タイ経済の対外開放度は 2000 年以降 100%を超え，

表3-6　タイ経済の対外開放度，2000 年～ 2016 年

年	貿易対 GDP 比（%）
2000	121.3
2001	120.3
2002	115.0
2003	116.7
2004	127.4
2005	137.9
2006	134.1
2007	129.9
2008	140.4
2009	119.3
2010	127.3
2011	139.7
2012	138.5
2013	133.3
2014	132.1
2015	126.6
2016	123.1

（出所）　世界銀行 WDI データベース 2017。
（注）　貿易は輸出と輸入の合計である。

115 ～ 140％の範囲で推移している。Vu (2018) の分析によると同指標について米国，日本，中所得国，低所得国はそれぞれ 27％, 28％, 55％, 61％（2000 ～ 2015 年期間の平均）であるが，これらのデータと比較するとタイ経済はかなり高い対外開放度を有していることが分かる。この事実は，タイ経済は外国の経済変動から貿易というチャンネルを通じて影響を受けやすい可能性があるということを示唆する。

　表3-7 はタイの主要貿易相手一覧とこれら各国のタイとの貿易がタイの貿易全体にどのぐらいのシェアを占めるかを表している。ここから次の 2 つの事実が観察できる。1 つは，輸出と輸入の両面においてタイにとって最も重要な貿易相手は米国，中国，日本であるということである。この 3 カ国の

表 3-7　タイの主要貿易相手とそのシェア
（2000 年〜 2015 年の平均）

順位	輸出		輸入	
	輸出先	シェア（%）	輸入元	シェア（%）
1	米国	12.4	日本	19.2
2	日本	11.3	中国	13.1
3	中国	9.9	米国	6.8
4	香港	5.6	マレーシア	5.7
5	シンガポール	5.6	UAE	5.2
6	マレーシア	5.2	シンガポール	3.8
7	オーストラリア	4.0	韓国	3.8
8	インドネシア	3.7	台湾	3.6
9	ベトナム	2.8	サウジアラビア	3.1
10	インド	1.9	インドネシア	3.0

（出所）　アジア開発銀行 Key Indicators のデータを用いた Vu（2018）の算出結果に基づく。
（注）　シェアは輸出または輸入に占めるシェアを表す。

タイの輸出と輸入に占めるシェアの合計は，それぞれ 34％と 39％である。もう 1 つは，タイは近隣の東アジア諸国と盛んに貿易を行っているということである。輸出と輸入の両面においてタイの主要貿易相手の 10 カ国のうち，7 カ国ほどが東アジアの国々である。この事実は上記でみた東アジアの高い域内貿易比率と整合的である。

　表 3-8 では，タイとその主要貿易相手の間の貿易に占める中間財と最終財のシェア（2000 〜 2015 年の平均）が示されている。この表から，タイの東アジア諸国との貿易では中間財が最も主要な部分であり，そのシェアが東アジア向けの輸出では 57％，東アジアからの輸入では 67％といずれも高い水準であることが分かる。東アジア域内貿易相手別でみると，中国と ASEANとの貿易では，輸出と輸入の両面で中間財のシェアが約 6 割と高く，日本との貿易では輸出の面で中間財よりも最終財の方がややシェアが大きく（43％vs. 51％），輸入の面では中間財が 74％と圧倒的に大きい。

　一方，東アジア域外との貿易では，中間財のシェアが 4 割程度にとどまり，

表 3-8　世界諸国・地域の貿易に占める中間財と最終財のシェア　　（%）

中間財

輸出元＼輸出先	中国	日本	タイ	ASEAN	東アジア	東アジア以外	米国	世界
中国	—	33	59	60	46	32	25	37
日本	68	—	74	72	69	43	42	56
タイ	60	43	—	64	57	31	25	45
ASEAN	68	56	62	68	66	42	33	56
東アジア	71	47	67	70	64	39	33	51
東アジア以外	39	35	46	56	43	47	41	46
米国	46	45	62	69	53	55	—	55
世界	54	40	58	64	54	45	38	47

最終財

輸出元＼輸出先	中国	日本	タイ	ASEAN	東アジア	東アジア以外	米国	世界
中国	—	64	39	38	52	68	74	62
日本	30	—	25	27	29	57	58	43
タイ	29	51	—	31	36	65	71	50
ASEAN	19	30	24	23	23	50	62	35
東アジア	24	46	28	26	32	59	66	46
東アジア以外	22	27	18	21	23	39	39	36
米国	34	42	28	25	34	39	—	38
世界	23	35	24	24	28	43	48	39

（出所）　RIETI-TID のデータを用いた Vu（2018）の算出結果に基づく。
（注）　ASEAN に含まれる国はシンガポール，タイ，インドネシア，マレーシア，フィリ
　　　　ピン，ベトナム，ブルネイ，カンボジアの 8 カ国である。「世界」は東アジアと東
　　　　アジア以外を合わせるという定義である。

最終財のシェアが輸出の面では 65％にも上っている。東アジア域外主要貿易相手国としての米国との貿易をみると，輸入の面では中間財のシェアが62％と大きいが，輸出の面では最終財が 71％と主要な存在となっている。

　このようにタイは，上記でみた東アジア全体と似通ったような貿易構造をもつと言える。すなわち，東アジア諸国とは盛んに中間財貿易を行い，最終財を生産し，それを域外へ輸出するという貿易構造である。

　次に，タイとその最大の貿易相手である米中日各国との二国間貿易の中身をもう少し詳細にみてみる。表 3-9 では，タイとこの 3 カ国との 2 国間貿易を産業別に分解している。この表より，日本との貿易においては，輸出の面では食品，電気機械，一般機械，化学が上位を占めており，輸入の面では鉄鋼・非鉄金属，電気機械，一般機械，化学が上位を占めており，この 4 つ

表 3-9　タイと米中日各国との 2 国間貿易に占める産業別シェア
（2000 年〜 2015 年の平均）

(％)

	タイの輸出			タイの輸入		
	米国	中国	日本	米国	中国	日本
食品	14.8	7.2	19.1	7.2	3.3	0.7
土石・ガラス・コンクリート製品	2.4	1.3	2.3	1.8	2.0	1.3
一般機械	18.9	25.1	13.3	17.1	21.3	21.7
電気機械	14.3	20.0	16.4	24.2	26.1	22.1
家庭用電気器具	8.8	1.4	7.5	0.8	3.9	1.4
輸送機械	1.7	0.4	4.0	6.9	2.0	10.6
パルプ・紙・木製品	9.5	15.4	8.6	5.9	2.9	2.1
石油・石炭	1.3	5.7	1.7	2.1	0.8	0.4
繊維	9.8	2.0	3.3	3.0	7.0	1.2
精密機械	1.7	1.6	3.0	2.8	1.4	2.9
玩具・雑貨	10.1	0.7	5.0	1.8	2.7	0.9
化学	3.0	17.0	9.4	17.1	12.3	12.4
鉄鋼・金属	3.8	2.3	6.4	9.3	14.3	22.3

（出所）　RIETI-TID のデータを基に筆者作成。
（注）　表の数字は各相手国との貿易額（輸出額また輸入額）を 100％とし，そのうちに各産業の貿易額が何パーセントを占めるかを示す。

の産業の合計で輸入の8割になっていることが分かる。東アジアのもう一国である中国との貿易においては，輸出の面では一般機械，電気機械，化学，パルプ・紙・木製品が最も大きなシェアを占めており，輸入の面では電気機械と一般機械だけで輸入額の5割弱となっており，これらに次ぐのは鉄鋼・非鉄金属と化学である。一方，東アジア域外で最大の貿易相手国である米国との貿易においては，輸出の面では一般機械，食品，電気機械，玩具・雑貨が，輸入の面では電気機械，一般機械，化学，食品，鉄鋼・非鉄金属が上位に入っている。なお，タイと米中日各国との貿易において電気機械と一般機械が輸出入の両面において大きなシェアを占めていることから，これまで述べた東アジアの貿易構造でこれらの産業における域内の中間財貿易と域外との最終財貿易が重要な存在であることが示唆されている。この点については表3-10でより詳細になる。

　表3-10は表3-9でみた2国間の産業別貿易をさらに財種別に分解したものである。ここでは，ある貿易相手とのある産業における貿易額を100％とし，そのうちに各財種の貿易額が何パーセントを占めるかを表している。表3-10によると，タイから米国への輸出においては，一般機械産業では最終財が8割強と主要で，電気機械産業では最終財と中間財のシェアが半々ぐらいになっており，米国からの輸入においてはこの2つの産業で中間財のシェアが6～8割と圧倒的に大きい。一方，東アジア主要貿易相手国の1つである中国への輸出においては，一般機械産業では中間財が4割弱で最終財が6割強，電気機械産業では中間財が8割強に上っており，中国からの輸入においては，この2つの産業で中間財と最終財が約半分ずつのシェアを占めている。東アジアのもう1つの主要貿易相手国である日本への輸出においては，電気機械産業では中間財が6割強で最終財が4割弱，一般機械産業では2つのタイプの財のシェアがちょうどその逆であり，日本からの輸入においては一般機械産業で中間財と最終財がほぼ5割ずつのシェアを占めているが，電気機械産業では中間財のシェアが8割近くと圧倒的に大きい。

第 3 節　VAR モデルを用いた東アジア各国間のマクロ経済相互依存の分析——タイのケースを中心に——

　本節では VAR モデルを用いて，上述の東アジアの貿易構造の下で域内各国の間でマクロ経済相互依存がどのようになっているかを分析する。

　VAR モデルをみる前に，まず東アジアの貿易構造と域内マクロ経済相互依存の間に理論的にどのような関係があるかについて少し説明しよう。筆者は先行研究（Vu 2017）で上述の東アジアの貿易構造を組み入れた開放マクロ経済モデルを構築し，それを用いて分析した結果，域内の中間財貿易の存在によって域内各国の間に，従来のモデルでは存在しない，生産の面におけるリンケージが発生するということを明らかにした。例えば，域外の正の需要ショックが生じることによりある東アジアの国で最終財の生産が増加すると，そのために東アジアの別の国から中間財を輸入し，その中間財の生産に別の中間財が使用されるのでさらに東アジアの他の国の中間財が必要とされるといった具合に，結果として最初の域外の需要ショックに対して東アジアの多くの国で同時に輸出と輸入の増加，そして GDP の増加が観察されることとなる。つまり，前節で述べた域内の中間財の生産・貿易の構造を前提とする下では，東アジアのある国の生産が変化すると，連鎖的に域内の他の国の生産や輸出入の変化が生じるというメカニズムが存在するのである。

　このメカニズムは理論的な分析の結果として結論づけされているが，果たして現実のデータから観察されるのであろうか。この問いに答えるために，筆者は本研究において VAR モデルを用いて分析を行った。VAR モデルを使用する最大の理由は，本章の冒頭で述べたように本モデルはマクロ経済変数間の動学的相互依存関係を捉えることができるという大きな特長を有しており，本章の研究対象を扱うのに適しているからである。以下でより詳細になるように，本章では一国の輸出や輸入，GDP，実質為替レートといったマクロ経済変数間の関係に焦点を当てるが，これらの変数は相互に影響し合うものである。例えば，輸出と輸入は GDP の構成要素であるので GDP に影響を

表3-10　タイと米中日各国との2国間産業別貿易に占める財種別シェア
（2000年〜2015年の平均）

(%)

	タイの米国への輸出			タイの米国からの輸入		
	素材	中間財	最終財	素材	中間財	最終財
食品	1.3	1.4	97.3	30.7	25.3	44.0
土石・ガラス・コンクリート製品	0.5	82.0	17.4	12.6	86.8	0.6
一般機械	0.0	16.8	83.2	0.0	61.8	38.2
電気機械	0.0	53.3	46.7	0.0	78.8	21.2
家庭用電気器具	0.0	16.7	83.3	0.0	23.5	76.5
輸送機械	0.0	63.5	36.5	0.0	25.4	74.6
パルプ・紙・木製品	24.1	27.6	48.3	54.8	39.7	5.5
石油・石炭	70.4	29.6	0.0	5.0	95.0	0.0
繊維	0.0	10.2	89.8	70.6	25.3	4.1
精密機械	0.0	45.7	54.3	0.0	22.0	78.0
玩具・雑貨	0.0	5.3	94.7	0.0	18.1	81.9
化学	0.1	84.2	15.8	0.0	82.2	17.8
鉄鋼・金属	1.1	62.1	36.8	21.3	74.8	3.9
	タイの中国への輸出			タイの中国からの輸入		
	素材	中間財	最終財	素材	中間財	最終財
食品	1.3	8.8	89.9	4.6	15.1	80.3
土石・ガラス・コンクリート製品	5.6	90.9	3.5	22.3	71.1	6.5
一般機械	0.0	34.9	65.1	0.0	49.7	50.3
電気機械	0.0	84.6	15.4	0.0	45.5	54.5
家庭用電気器具	0.0	45.3	54.7	0.0	35.0	65.0
輸送機械	0.0	81.6	18.4	0.0	56.1	43.9
パルプ・紙・木製品	53.7	44.6	1.7	13.7	55.6	30.7
石油・石炭	29.7	70.3	0.0	30.9	69.1	0.0
繊維	1.7	88.0	10.3	1.9	77.1	21.0
精密機械	0.0	85.6	14.4	0.0	48.5	51.5
玩具・雑貨	0.0	27.4	72.6	0.0	26.4	73.6
化学	2.9	95.7	1.3	0.1	78.5	21.4
鉄鋼・金属	1.1	62.1	36.8	21.3	74.8	3.9

表 3-10　（続き）

	タイの日本への輸出			タイの日本からの輸入		
	素材	中間財	最終財	素材	中間財	最終財
食品	0.6	10.9	88.5	0.7	9.7	89.6
土石・ガラス・コンクリート製品	15.5	76.5	7.9	6.7	91.8	1.5
一般機械	0.0	36.5	63.5	0.0	45.9	54.1
電気機械	0.0	65.0	35.0	0.0	77.9	22.1
家庭用電気器具	0.0	18.4	81.6	0.0	24.9	75.1
輸送機械	0.0	70.1	29.9	0.0	82.9	17.1
パルプ・紙・木製品	61.7	19.3	19.0	13.1	59.6	27.4
石油・石炭	3.0	97.0	0.0	0.5	99.5	0.0
繊維	1.1	34.1	64.8	3.0	89.5	7.5
精密機械	0.0	56.1	43.9	0.0	29.0	71.0
玩具・雑貨	0.0	10.3	89.7	0.0	57.2	42.8
化学	0.0	80.1	19.9	0.0	84.6	15.4
鉄鋼・金属	14.6	80.0	5.4	0.2	99.0	0.8

（出所）　RIETI-TID のデータを基に筆者作成。
（注）　表の数字は各産業の貿易額を 100％とし，そのうちに各財種の貿易額が何パーセントを占めるかを示す。

与え，国内外の GDP は開放マクロ経済学のテキストでよく説明される輸出関数や輸入関数より実質為替レートとともに輸出と輸入の決定要因である。また，第 1 節と第 2 節で述べたように，東アジアの貿易構造下では各国が輸出のために外国から中間財を輸入し生産を行うので，輸出と輸入の間にも密接な関係が形成される可能性がある。加えて，GDP や輸出，輸入，実質為替レートといったマクロ経済変数間の関係は動学的（dynamic）な構造をもつと考えられる。例えば，ある期間の輸出や輸入はその期間の GDP や為替レートのみならず，過去の GDP や為替レートにも依存するかもしれない。変数間の動学的な構造を外生的ショックの影響という視点から理解することもできる。すなわち，ある期間にショックが発生するとその影響はその期間で完結せず

に，その後の期間においても持続することがよくある[2]。以上で述べた変数間の関係は VAR モデルを用いることにより分析することが可能となる。

　本章ではブロック外生 VAR というモデルを使用するが，以下では筆者の先行研究（Vu 2018）に基づき，このモデルについて簡単に説明する。また，分析において東アジアの一国であるタイのケースを取り上げることにする。

　ブロック外生 VAR モデルの構造型は次の通りである。

$$\begin{bmatrix} C_{11} & 0 \\ C_{21} & C_{22} \end{bmatrix} \begin{bmatrix} y_{1t} \\ y_{2t} \end{bmatrix} = \begin{bmatrix} B_{11}(L) & 0 \\ B_{21}(L) & B_{22}(L) \end{bmatrix} \begin{bmatrix} y_{1t-1} \\ y_{2t-1} \end{bmatrix} + \begin{bmatrix} \epsilon_{1t} \\ \epsilon_{2t} \end{bmatrix} \tag{1}$$

　ただし，t は期間を表し，B_{ij}, C_{ij} は係数の行列，$B_{ij}(L)$ はラグ・オペレーターの多項式，y_1 は米国，中国，日本の産出量（GDP）からなる変数ベクトル，y_2 はタイの輸出，輸入，産出量，及び実質実効為替レート（REER）からなる変数ベクトルである。また，ϵ_1, ϵ_2 は構造ショックのベクトルであり，ϵ_1 ＝（米国の GDP ショック，中国の GDP ショック，日本の GDP ショック）′，ϵ_2 ＝（タイの輸出ショック，タイの輸入ショック，タイの GDP ショック，タイの REER ショック）′ と定義される。

　このように，(1) の VAR モデルは，2 つのブロックから構成される。ここでは，ブロック 2 の変数（y_2）がブロック 1 の変数（y_1）に影響を与えないと仮定する。この仮定は，(1) の両辺において係数行列 B_{12}, C_{12} の全ての要素がゼロであるということで表現されている。

　本研究でブロック外生 VAR を用いる主な理由は次の通りである。VAR の文献でよく知られるように，ブロック外生 VAR モデルは小国開放経済分析に適している。(1) のモデルにおいてはタイは小国で，米国，中国，日本の 3 カ国はタイ経済にとって「外生的」であると仮定するが，これはこれらの

---

2)　一例としては，2008 年の第 4 四半期に発生したいわゆるリーマン・ショックが日本経済に与えた影響が挙げられる。このショックは日本経済にとって負の輸出ショックと捉えることができるが，その影響は 2008 年第 4 四半期のみならず 2009 年以降にも持続していた。

3 カ国と比べタイの経済規模がかなり小さいという事実を考慮に入れた結果である。例えば，Vu（2018）によると，米ドル換算の実質 GDP でみると 2005 年にタイは米国の 53 分の 1，中国の 13 分の 1，日本の 20 分の 1 であり，2016 年にはこれらの数字はそれぞれ 43 分の 1，24 分の 1，15 分の 1 である。

　ブロック 1 に米国，中国，日本の産出量を含める理由は，前節でみたようにこれらの国はタイの主要貿易相手国であって，その産出量の変化がタイの経済変数に影響を及ぼしうると考えられるからである。また，それらの影響を分析するのが本章の主な研究目的の 1 つでもある。一方，ブロック 2 にタイの輸出，輸入，産出量，実質実効為替レートの 4 つの変数を含める理由は，理論的には開放マクロ経済学の輸出関数と輸入に基づくものであり，また，これらの変数によって前節でみた東アジアの貿易構造を分析することが可能であると考えられるからである。

　ブロック外生 VAR モデルの誘導型は次の通りである。

$$
\begin{bmatrix} y_{1t} \\ y_{2t} \end{bmatrix} = \begin{bmatrix} D_{11}(L) & 0 \\ D_{21}(L) & D_{22}(L) \end{bmatrix} \begin{bmatrix} y_{1t-1} \\ y_{2t-1} \end{bmatrix} + \begin{bmatrix} u_{1t} \\ u_{2t} \end{bmatrix} \tag{2}
$$

　(2)の誘導型モデルは最小二乗法（OLS）を用いてデータから推定することができるが，(2)の構造型モデルを識別するためには，さらなる制約を課す必要がある。そこで，本研究では，(1)の左辺の係数行列 C_{11}，C_{22} は再帰的（recursive）な構造をもち，換言すればこれらの行列は下三角行列（lower triangular matrix）であると仮定する。この仮定の下では，左辺の係数行列全体，そしてその逆行列も再帰的な構造をもつこととなる。その結果，これらの行列は，データから推定される(2)残差の分散共分散行列からそのコレスキー分解（Cholesky decomposition）として識別される。これにより，(1)の構造型モデルも識別されることとなり，そしてそれを用いてインパルス応答関数や分散分解といった分析が可能となる。

　本研究では(2)の誘導型モデルの推計において，世界銀行の Global Economic Monitoring（GEM）というデータベースから入手した四半期データ

を用いた。そのサンプル期間は 2000 年第 1 四半期から 2017 年第 2 四半期である。GEM のデータに加えて，日本の財務省のホームページからタイと日本の 2 国間輸出と輸入のデータを入手することができたので，これらのデータも推定に使用した（GEM の輸出と輸入はタイの輸出と輸入の全体，すなわち対世界の輸出と輸入であるということに注意）。(1) の VAR モデルの 7 つの変数に対して実質のデータを使用し，元のデータから対数階差をとり，100 を掛けたうえで推定に用いたが，インパルス応答関数では各変数の値を（対数での）レベルに戻してその結果を報告する。また，推計においては四半期データを考慮してラグの次数を 4 と設定した。

　では，VAR モデルの推定結果をみてみよう。図 3-1 と 3-2 では VAR モデルにおける様々な構造ショックに対するタイの経済変数の反応が示されている。ここで，各ショックは発生した当期に当該変数に 1％の増加をもたらすように設定される。例えば，タイの GDP ショックは第 1 期においてタイのGDP を 1％押し上げる。

　図 3-1 から分かるように，米国の GDP ショックは，タイの輸出，輸入，及び GDP を第 3 四半期から（統計的に）有意に増加させ，その効果はかなり持続的である。域外の需要ショックとしての米国 GDP ショックに対してタイの輸出と輸入が同時に増加する結果は，本節の冒頭で述べた Vu（2017）の理論モデルの予測の通りであり，域内中間財貿易に特徴づけされた貿易構造と整合的である。

　中国の GDP ショックは，米国の GDP ショックと似たような影響をタイの輸出，輸入，GDP に与える。日本の GDP ショックは，タイの輸出と GDPを一時的に引き上げるが，タイの輸入には有意な反応をもたらさない。この結果から，日本経済よりも中国経済のほうがタイ経済に対してより大きな影響力をもつことが示唆される。

　次にタイの国内ショックの効果をみる。これらショックのうち，輸出ショックに注目しよう。このショックは，定義の通りタイの輸出を押し上げるが，同時に輸入も有意に増加させ，しかもその効果はかなり持続的である。また，

図 3-1　各種構造ショックに対するタイの経済変数の反応

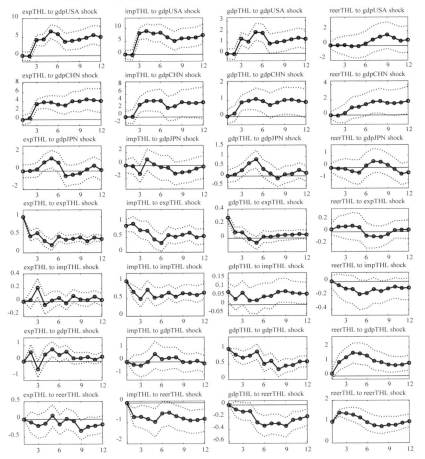

（出所）　世界銀行の Global Economic Monitoring のデータを用いた Vu（2018）の推定結果
　　　　に基づく。

（注）　各ボックスで横軸はショックが発生してからの経過四半期数を，縦軸は当該変数の
　　　変化率（％）を表す。各タイプの構造ショックは当該変数を 1％ 増加させるように
　　　設定される。バンドは ± 1 標準誤差を表す。タイトルの記号については，exp,
　　　imp, gdp, reer はそれぞれ輸出，輸入，GDP，実質実効為替レートを表す。タイト
　　　ルの意味については，例えば expTHL to gdpUSA shock がタイの輸出の米国 GDP
　　　ショックに対する反応を示す。

このショックはタイの GDP も有意に増加させる。これらの結果もまたタイの貿易構造と整合的である。

　図3-2 では，VAR モデルにおける米国，中国，日本の GDP ショックに対するタイと日本の2国間輸出入の反応が示される。興味深いことに，この図から米国の GDP ショックがタイの対日輸出と輸入の両方を増加させることが観察される。この結果は一見不思議に見えるかもしれない。というのは，タイと日本からすると米国は第三国であり，その GDP の増大がなぜかタイ日の2国間貿易に影響を及ぼすのである。しかし，前述の東アジアの貿易構造を踏まえると，このような結果は決して不思議ではなく，むしろ Vu (2017) の理論モデルによって明らかにされた域外ショックの波及メカニズムと整合的である。

　図3-1 と 3-2 で用いた輸出入のデータは，前節で述べた素材，中間財，

図3-2　米国，中国，日本の GDP ショックに対するタイ日の2国間輸出入の反応

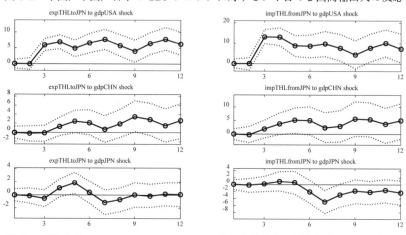

（出所）　世界銀行の Global Economic Monitoring と日本財務省の貿易統計のデータを用いた Vu (2018) の推定結果に基づく。
（注）　各ボックスで横軸はショックが発生してからの経過四半期数を，縦軸は当該変数の変化率（%）を表す。各タイプの構造ショックは当該変数を 1% 増加させるように設定される。バンドは±1標準誤差を表す。タイトルの記号等については図3-1 を参照されたい。

最終財という 3 つのタイプについて合計したものである。上記のように図
3-1 と 3-2 の結果から東アジア域内における中間財貿易の存在が十分に示唆
されているが，それでもそれらの結果の背後に域内中間財貿易の存在が果た
して関係しているとは断定し切れるのであろうかという疑問が残っている。
この疑問に答えるために，図 3-3 では，図 3-2 で用いたタイと日本の 2 国
間輸出入の代わりに両国の電気機械産業の中間財輸出入のみを使用し，VAR
モデルを推計することにした[3]。ここで電気機械産業を取り上げる理由は，

図 3-3　米国，中国，日本の GDP ショックに対するタイ日の 2 国間の電気機械産
　　　　業における中間財輸出入の反応

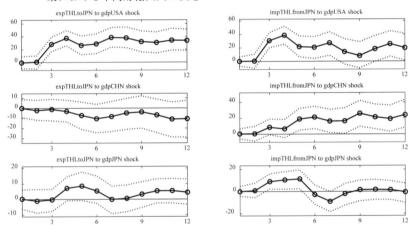

（出所）　世界銀行の Global Economic Monitoring と日本財務省の貿易統計 のデータを用い
　　　　た Vu（2018）の推定結果に基づく。
（注）　各ボックスで横軸はショックが発生してからの経過四半期数を，縦軸は当該変数の
　　　　変化率（%）を表す。各タイプの構造ショックは当該変数を 1% 増加させるように
　　　　設定される。バンドは ± 1 標準誤差を表す。タイトルの記号等については図 3-1 を
　　　　参照されたい。

---

3)　この段階で使用するデータはそれまでの aggregate なデータからより disaggregate なデー
　　タとなる。貿易データの場合，このような disaggregate なデータは，財分類コードのマッ
　　チングといった作業を研究者が行う必要があり，データ収集・整理にかなり手間がかか
　　るだけでなく，財のカテゴリーによって分析に使える十分な長い時系列のデータが入手
　　できないという問題点がある。幸いなことに，ここで使用するタイ日間の電気機械産業
　　の中間財貿易データは日本の政府統計の総合窓口 e-Stat ホームページから入手できた。

前節でみたようにこの産業がタイの対米中日の貿易で最も重要な産業の1つであると同時に，この産業において中間財の貿易が盛んであるからである。

　図3-3より，米国のGDPショックに対してタイ日の電気機械産業における双方向中間財貿易が持続的に増加し，その反応が図3-1および3-2におけるタイ日間の輸出入の反応にかなり類似していることが分かる。この結果は，米国のGDPショックは米国のGDPひいては東アジアの最終財への需要を増加させるが，東アジア諸国では電気機械や一般機械など様々な産業で最終財の生産が増加し，その生産過程で電気機械の部品やパーツが投入されるため，タイや日本をはじめとする東アジア各国間においてこれらの中間財の生産と貿易も増加する，と解釈できる。なお，この結果は上述の東アジアの貿易構造についてのVu（2017）の理論モデルのインプリケーションを支持するものであり，東アジア諸国間の中間財貿易が各国間のショックの波及メカニズムに影響を与えることを示す。

　最後に表3-11のVARの分散分解の結果をみてみよう。この表ではタイの各経済変数の変動に対して各種の構造ショックがどのように寄与しているかが示されている[4]。ここで次の結果に注目したい。1つ目は，タイの各変数は自国のショックから最も影響を受けている傾向にあるが，米中日といった外国のショックからも大きな影響を受けているということである。例えば，（ショック発生時点から）3年の期間（horizon）において，米国のGDPショックはタイの輸出，輸入，GDPのそれぞれの変動の2割弱，3割弱，2割弱を説明している。なお，タイの経済変数への影響における米中日の3カ国のGDPショックのうち，定量的に米国のGDPショックが最も大きく，中国と日本のGDPショックの影響は変数によって異なり，タイの輸出変動においては中国のGDPショックの寄与度の方が大きいが，タイの輸入とGDPの変動においては日本のGDPショックの寄与度の方が大きい。2つ目の結果としては，タイの輸出ショックは，タイのGDPショックと並んでタイのGDP

4）　ここでは図3-1と同じデータセットを使用し，タイの輸出入は対世界の輸出入である。

表 3-11　タイの経済変数の変動に対する各種構造ショックの寄与度（%）

ショック	期間	タイの 輸出	タイの 輸入	タイの GDP	タイの REER
米 国 の GDP ショック	3 カ月	3.3	1.5	2.1	10.4
	1 年	19.2	30.5	14.5	8.9
	3 年	17.6	27.7	16.6	7.7
中 国 の GDP ショック	3 カ月	5.6	5.5	1.7	10.4
	1 年	10.8	5.8	2.4	9.9
	3 年	10.1	6.5	2.6	9.3
日 本 の GDP ショック	3 カ月	1.9	0.6	5.3	7.2
	1 年	1.9	8.6	4.5	6.8
	3 年	9.8	8.9	12.8	13.8
タ イ の 輸 出 ショック	3 カ月	89.2	34.9	44.6	0.5
	1 年	54.2	18.8	43.2	1.0
	3 年	47.8	20.0	34.1	4.3
タ イ の 輸 入 ショック	3 カ月	0.0	57.5	4.5	0.7
	1 年	7.0	33.7	6.2	4.4
	3 年	6.6	32.6	5.2	6.1
タ イ の GDP ショック	3 カ月	0.0	0.0	41.8	3.3
	1 年	6.7	0.7	28.4	18.7
	3 年	6.8	1.8	25.8	16.6
タ イ の REER ショック	3 カ月	0.0	0.0	0.0	67.5
	1 年	0.3	1.9	0.8	50.2
	3 年	1.3	2.4	2.9	42.2

（出所）　世界銀行の Global Economic Monitoring のデータを用いた Vu（2018）の推定結果
に基づく。

の変動をもたらす最も重要な要因である。これらの結果と上述の結果を合わ
せて考えると，高い開放度をもつタイ経済において対外取引が国内経済活動
にも重要な影響を与えることが示唆される。3 つ目は，タイの輸入の変動に
おける同国の輸出ショックの大きな寄与度である。例えば，3 年の期間にお
いてタイの輸出ショックは輸入の変動の 2 割を説明している。この結果は，
上述の図 3-1 ～ 3-3 の結果と同様に，その背後にタイの貿易構造において

中間財貿易が重要な存在であることを示している。

おわりに

　本章で取り上げた東アジアの貿易構造は，貿易論の視点からはもちろん国際マクロ経済学の視点からみても非常に興味深いものである。とりわけ東アジア域内各国の間で中間財の貿易が非常に盛んに行われ，域内貿易の主要なシェアを占めることは注目すべき事実である。タイと日本の電気機械産業を例にとってみると，輸出と輸入における中間財貿易額がそれぞれこの産業の貿易額全体の 65％と 78％にも上る。

　これまでの分析から分かるように，この貿易構造の下では，米国をはじめとする域外からの東アジアの最終財への需要を増加させるショックや，あるいは東アジア諸国の輸出部門で生産を増大させるようなショックが発生すると，域内各国で最終財とともに中間財の生産や輸出，輸入も同時に増加し，また，その結果として総生産や輸出入全体も増加する。このような反応は，Vu（2017）の理論モデルと整合的であり，東アジアの貿易構造が域内の経済相互依存と密接に関係していることを裏付けている。また，本章を通じて一国の国内外のマクロ経済変数の動学的相互依存関係を分析するのに VAR モデルは非常に有用なツールであることも理解できよう。

　今後の課題としては分析事例を東アジアの他の国にも拡げ，タイと比較することによって東アジアの貿易構造について理解を深めることが期待できる。また，本章ではマクロレベルのデータに加えて，産業別や財種別といったミクロ的なデータも使用し，ある国のある産業のある財種について 1 つの VAR モデルを推定したが，ミクロ的なデータを扱う分析手法としてパネル VAR を用いることにより，異なる国や産業，財種のデータを同時に 1 つの VAR モデルの推定で使用できるため，本章の VAR モデルよりも標本数を大幅に増やすことができ，推定の精度を向上させることが期待できる。

〔参考文献〕

＜日本語文献＞

田口博之，ブー・トゥン・カイ　2018.「実用経済モデルの系譜と本プロジェクト
　　の位置づけ」植村仁一編『マクロ計量モデルの基礎と実際』ジェトロ・ア
　　ジア経済研究所.

＜英語文献＞

Ando, Mitsuyo 2005. "Fragmentation and Vertical Intra-industry Trade in East Asia." *North American Journal of Economics and Finance* (17): 257-281.

Fukao Kyoji, Hikari Ishido and Keiko Ito 2003. "Vertical Intra-industry Trade and Foreign Direct Investment in East Asia." *Journal of the Japanese and International Economies* (17): 468–506.

Kimura, Fukunari 2006. "International Production and Distribution Networks in East Asia: Eighteen Facts, Mechanics, and Policy Implications." *Asian Economic Policy Review* (1): 346–347.

Shioji, Etsuro 2006. "Invoicing Currency and the Optimal Basket-peg for East Asia: Analysis Using a New Open Macroeconomic Model." *Journal of the Japanese and International Economies* 20(4): 569-589.

Vu, Tuan Khai 2017. "Intra-regional Trade in Intermediate Goods and the Choice of Exchange Rate Regime in East Asia." Paper presented at the 15th International Convention of the East Asian Economic Association (Bangdung, Nov. 5, 2016) and the 2017 Asian Meeting of the Econometric Society (Hong Kong, June 4, 2017).

────── 2018. "Intra-regional Trade in Intermediate Goods and Macroeconomic Interdependence in East Asia." Paper presented at the 14th International Conference of the Western Economic Association International (Newcastle, Australia, Jan. 13, 2018), the 2018 Spring Meeting of the Japanese Economic Association (University of Hyogo, June 9, 2018), the 14th Annual Conference of the Asia-Pacific Economic Association (University of Southern California, August 3, 2018), and the 16th International Convention of the East Asian Economic Association (National Taiwan University, Nov. 28, 2018).

第 2 部

単一国モデルによる分析
——発展段階の相違を考慮する——

第2部にあたって

「はじめに」に記したように，第2部では貿易リンクモデルから離れ，単一国モデルによる分析例を紹介する。ここでは経済の発展度合いの異なる4カ国・地域を取り上げるが，共通のシミュレーションとして人口の高齢化を扱う他はそれぞれの分析者の興味に基づいた考察を行っている。また，同じくすでに記したとおり，統計の時系列的な長さや統計そのものの精度といった様々な制約から，推定パラメータの有意性にまで遡り必ずしも満足のいく（うまくいった）事例のみを紹介しているわけではないことを予防線としてお断りしておく。

堀（1982）を援用すれば，1対1の縮尺（つまり実物大）で細大漏らさずすべての情報を記載した地図というのは既にそれ自体「地図」ではないだろう。興味の中心となる一部の情報を強調し，それ以外の情報（大きさも含め）をカットすることで地図が成り立っている（堀によれば「適切な抽象化，簡易化，モデル化を行うこと，いいかえれば，本質でない要素を省略し，本質的な要素を誇張しながら抽出することによって（略）ものごとの本質をよりよくつかみ出そうとする営み」がそれにあたる）とすれば，マクロ計量モデルにもまさにこの言葉があてはまる。

閑話休題。第2部は以下の構成である。各章ともに共通のシミュレーションの題材として，高齢化問題を取り上げている。各国で進展する少子高齢化（相対的な年齢構成の変化）とそれに伴う人口や労働力の変動をショックとしてモデルに与え，消費をはじめとする国内需要への影響を測定する。

第4章「内需と人口変動のマクロ計量モデル分析：韓国・台湾モデルの利用例」（渡邉雄一）では，東アジアでは日本に次ぐ先進地域となっている韓国・台湾についてそれぞれの単一国モデルによる分析を紹介する。上述のように進行する少子高齢化が国内需要に及ぼす影響を，人口の年齢構成を10年ま

たは20年前倒しすることで測定するが，台湾のケースでは20年前倒しのケースはショックが大きすぎてモデルが収束しない，という一幕がある（あえてそうしたケースも収録している）。

第5章「マクロ計量モデルによるシミュレーション分析（マレーシア）」（植村仁一）ではマレーシアを対象とし，人口の高齢化シミュレーションとは別に財政部門の国内経済に果たす役割についても分析している。高齢化の進展と相俟って年金や補助金といった財政部門の役割は大きいと考えられる。本章ではそうした民間への移転部分をどうファイナンスするか，その原資の出所の違いが国内経済に与える影響を測定している。

第6章「ベトナムのマクロ経済モデルと人口高齢化の影響」（石田正美）でも同じく高齢化のシミュレーションを行うが，ベトナムの人口センサスからは少子化がすでに始まっていると伝えられるものの，まだまだ若い世代の占める割合の大きい国であることもあり，10年後から30年後といったかなり長い期間を見据えた将来の人口構成や総人口に基づく実験がある程度安定的に行えている。これは第4章での台湾のケース（収束しない例）と比較してみると興味深い点であるといえる。

編者　植村仁一

〔参考文献〕

＜日本語文献＞
堀淳一 1982.「すべての地図はデフォルメ地図である」『数理科学』1982年1月号，12〜15ページ.

＜英語文献＞
Fair, Ray C. and Kathryn M. Dominguez 1991. "Effects of the Changing U.S. Age Distribution on Macroeconomic Equations." *American Economic Review* 81(5): 1276-1294.

第4章

内需と人口変動のマクロ計量モデル分析
——韓国・台湾モデルの利用例——

渡邉　雄一

はじめに

　韓国や台湾の経済発展は，狭小な国内市場（以下，台湾についても便宜的に「国」という用語を用いる）という制約条件から採用された輸出主導型の開発戦略によって，これまで支えられてきた。アジア通貨危機やリーマン・ショックによる世界同時不況を経た現在でも，輸出促進は近年の内需不振のなかで景気の底割れを防ぐ役割を果たしている。図4-1 および図4-2 に示されるように，実質GDP 成長率が10％を超えていたかつての高成長時代は過去のものとなり，韓国と台湾はともに近年の成長率が3％前後まで低減している。そうしたなかでも，両国の貿易依存度（財・サービス輸出入の対GDP 比）は日本（2016 年現在で31.3％）と比べても相当に高い水準を維持している。

　しかし，長期的な経済成長を考える場合，生産要素で決定される供給能力だけでなく，市場における需要制約を考慮に入れることが重要になってくる。つまり，生産や貿易の利益が民間消費を中心とする国内需要の拡大にいかに結び付くか，内需拡大を後押しする実質所得の向上などにいかに波及していくか，また所得増加を促す雇用施策や財政政策をいかに展開していくかなどを考えることが肝要である。

　ところで，国内需要を構成する重要な項目である消費支出の長期変動は，

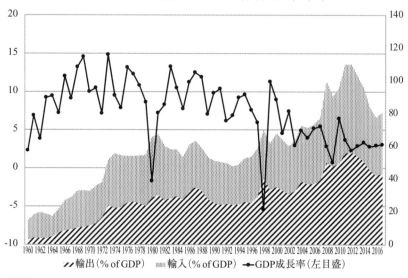

図 4-1　韓国の貿易依存度と実質経済成長率（％）

（出所）　World Bank, World Development Indicators.

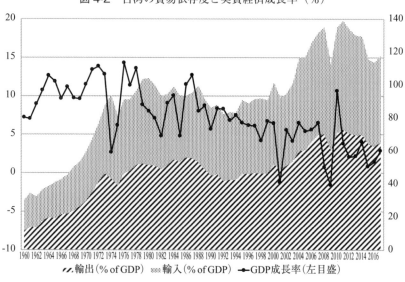

図 4-2　台湾の貿易依存度と実質経済成長率（％）

（出所）　World Bank, World Development Indicators.

人口構造・規模や世帯構成・形成の変化といった人口学的な影響を受けるとされる。例えば，Fair and Dominguez（1991）はアメリカの年齢別人口分布の変化が消費や貯蓄，住宅投資などのマクロ経済変数に与える影響を分析している。また，大泉（2007）はアジアの経済発展やその持続可能性について人口構造の変化（人口ボーナスや少子高齢化）の側面から論じている。アジア通貨危機を経た 2000 年代以降の韓国や台湾では，出生率や人口増加率の低下，平均寿命の上昇などを背景として，日本と同様に少子高齢化の進展が広く認識されるようになった。また，将来の労働力人口の減少や潜在成長力の鈍化などマクロ経済への影響とあわせて，年金や医療といった社会保障費の財政負担増が懸念されるなか，福祉や社会保障，雇用の領域でさまざまな少子高齢化対策が講じられるようになってきた。

　本章では，韓国と台湾の需要先決型（ケインズ型）マクロ計量モデルを用いて，人口変動などが国内需要の形成に及ぼす効果を検証し，少子高齢化や財政制約に直面する東アジアの内需拡大の方向性について考える。具体的には，韓国と台湾における少子高齢化の進展や人口規模の変化（人口変動ショック），労働力人口の変化などをシミュレーションして，その国内需要（所得水準，民間消費，資本形成，輸入など）への影響を分析する。

　本章の構成は，以下の通りである。第 1 節では，本章で扱う韓国と台湾の需要決定型マクロ計量モデルの概要について，構造方程式体系に基づく定式化やモデルの構造および特徴を明らかにする。第 2 節では，第 1 節で構築された両国のモデルにおける構造方程式の推定結果を考察するとともに，1 人当たり民間消費関数から推定されたパラメータを利用して，年齢別の相対的消費水準を分析する。また，実際にマクロ計量モデルを解いた結果について，それらの挙動やパフォーマンスを確認する。第 3 節では，マクロ計量モデルのシミュレーション分析として，モデルに人口変動ショックや労働力率の変化を与えて内需項目や国内価格，財政部門に及ぼす影響を検証する。最後に，本章のまとめと今後の課題を記す。

第1節　韓国・台湾モデルの概要

　東アジアの各国モデルのうち，韓国と台湾の需要決定型マクロ計量モデル
については，アジア経済研究所での研究成果（例えば，植村（2010），渡辺（2012;
2013; 2014），渡邉（2016）など）として，これまでも作成されてきた[1]。本節
では，これらの先行研究で示されたモデルの構造や特徴を参考にして，各国
のモデルを構築する。なお，構造方程式体系に基づく定式化の詳細および変
数名の一覧表は章末の補論に示されている。ここでは韓国モデルと台湾モデ
ルの構造と特徴について説明する。

　両国のモデルは需要決定型であるように，GDP が消費や投資，輸出入な
どの需要項目の積み上げとして決定される。一方で，資本ストックと労働力
人口によって決定される潜在 GDP を供給型関数と定義することで，モデル
内では実質 GDP との需給ギャップ（需要圧力）や GDP デフレーターなどの
価格変数が変動する構造になっている。なお，ここでの潜在 GDP は実質
GDP の対数系列をトレンド変数で回帰し，その理論値を指数変換した値と
して表される。

　構造方程式のなかの 1 人当たり民間消費関数は，GDP から実質税収を控
除した 1 人当たり可処分所得や消費者物価（韓国の場合は一般物価との相対価
格），および 15 ～ 89 歳人口の構成比率から導出される指標である Z1 と Z2
の人口変数[2]によって説明される定式化を行っている。民間投資関数は資本
ストック調整型とし，GDP や実質化された銀行貸出（韓国では変化率）で説
明されるとしている。なお，民間投資関数は AR（1）モデルによる推定を
行う。ここでの総資本ストック系列について，韓国の場合は韓国銀行によっ

---

1)　韓国と台湾を対象としたマクロ計量モデルのこれまでの開発事情や利用方法の詳細に
　　ついては，渡邉（2018）を参照されたい。
2)　Fair and Dominguez（1991）に示される方法によって算出した。具体的な算出方法につ
　　いては，本書第 2 部第 6 章補論を参照されたい。

て公開されている非金融生産資産額のデータを用いており[3]，推定式では総投資や前期までの資本蓄積で決まるとしている。台湾の場合には，植村・石田・渡邉（2018）で示される推計方法に依拠して初期値や資本減耗率（5%）を決めている。輸入関数については，GDP や輸入物価によって説明するシンプルな定式化を行っている。

　価格ブロックの中心を構成する GDP デフレーターは，需要圧力と輸入価格で説明されるとしている。また，消費者物価は国内一般物価および輸入物価の変化で説明される定式化を行うとともに，輸入デフレーターは為替レートと国際原油価格（為替レートによる調整）の変化で説明する内生化を試みている。

　金融部門では，銀行貸出が貨幣供給量（M2）で決定されるとしている。財政ブロックではまず，実質化された直接税収入が GDP の，間接税収入が民間消費と政府消費の和の関数として定式化されている。それらを合算して総税収が定義され（韓国ではその他国税収入と地方税収も含む），さらに名目値に戻した総税収と非税収の総和（総歳入）と総歳出との差額によって財政収支が定まる構造になっている。

　以上の韓国モデルと台湾モデルの全体構造および各変数間の関連性について図式化したものは，図 4-3 および図 4-4 のフローチャートに示される。なお，各方程式の推定に使用するデータは，韓国については韓国銀行『国民勘定』および韓国統計庁『将来人口推計』，台湾については中華民國行政院主計總處『國民所得統計』および中華民國國家發展委員會『中華民國人口推估』を用いている。

---

3)　韓国の総資本ストック系列について，植村・石田・渡邉（2018）で示される方法を用いて推計を行った結果，韓国銀行による公開データは資本減耗率 5% での推計値に近似している。

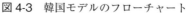

図4-3 韓国モデルのフローチャート

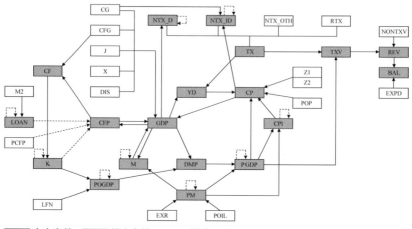

内生変数　□外生変数　┈┈▶ 1期前ラグ

（出所）筆者作成。

図4-4 台湾モデルのフローチャート

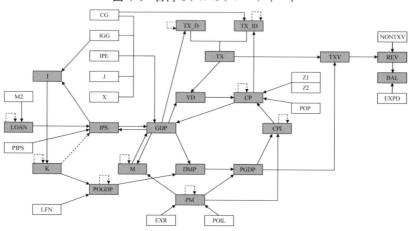

内生変数　□外生変数　┈┈▶ 1期前ラグ

（出所）筆者作成。

第2節　モデルの推定結果とパフォーマンス

　本節では，前節で定式化された韓国モデルと台湾モデルにおける構造方程式の推定結果を考察した後，1人当たり民間消費関数から推定された Z1 と Z2 のパラメータを利用して，年齢別の相対的消費水準を分析する。そして，実際に両国のマクロ計量モデルを解いた結果について，それらの挙動やパフォーマンスを評価する。

　2-1.　韓国モデルの推定結果（変数名一覧表は本章末の補論を参照）

1人当たり民間消費（1980-2016）

定数項	LOG(YD/POP)	LOG(CPI/PGDP)	Z1	Z2	D9809
0.391	0.626*	-0.775*	0.171*	-0.002*	-0.040*
(1.59)	(9.59)	(-3.64)	(4.12)	(-3.91)	(-2.26)

（* 5%，** 10%有意水準。以下同様）

（上段は回帰係数，かっこ内は t 値を表す。以下同様）

自由度修正済み決定係数	0.998
F 値	3253.8
DW	0.998

民間投資（1980-2016）

定数項	LOG(GDP)	LOG(K(-1))	DLOG(LOAN(-1)/PCFP(-1))	AR(1)
-3.675	2.064*	-0.824*	0.173*	0.933*
(-0.73)	(9.74)	(-2.38)	(2.41)	(10.26)

自由度修正済み決定係数	0.995
F 値	1509.7
DW	1.107

総輸入（1971-2016）

定数項	LOG(GDP)	LOG(PM)	LOG(M(-1))	D9809
-2.808*	0.518*	-0.091*	0.666*	-0.198*
(-4.48)	(4.90)	(-2.27)	(9.24)	(-3.75)

自由度修正済み決定係数　0.997
F 値　　　　　　　　　　4046.7
Durbin's h　　　　　　　1.246

総資本ストック（1971-2016）

定数項	LOG(CF)	LOG(K(-1))
0.559*	0.136*	0.851*
(32.38)	(14.42)	(102.92)

自由度修正済み決定係数　1.000
F 値　　　　　　　　　　317088.7
Durbin's h　　　　　　　3.240

潜在 GDP（1971-2016）

定数項	LOG(K/LFN)	LOG(POGDP(-1)/LFN(-1))
0.008	0.015*	0.992*
(0.89)	(2.40)	(110.44)

自由度修正済み決定係数　1.000
F 値　　　　　　　　　　68370.5
Durbin's h　　　　　　　0.677

GDP デフレーター（1971-2016）

定数項	DMP	D(PM)	PGDP(-1)
-0.011	0.033*	0.063*	0.999*
(-0.97)	(2.98)	(2.46)	(194.62)

自由度修正済み決定係数　0.999

F 値　　　　　　　　　13070.9

Durbin's h　　　　　　3.627

消費者物価指数（1971-2016）

定数項	D(PGDP)	D(PM)	CPI(-1)
0.004	0.544*	0.088*	1.009*
(1.64)	(6.90)	(5.68)	(345.19)

自由度修正済み決定係数　1.000

F 値　　　　　　　　　40844.4

Durbin's h　　　　　　2.514

輸入デフレーター（1971-2016）

定数項	D(EXR)	D(POIL/EXR)	PM(-1)
0.009	0.702*	0.228*	0.988*
(0.66)	(9.54)	(7.09)	(49.79)

自由度修正済み決定係数　0.982

F 値　　　　　　　　　831.0

Durbin's h　　　　　　-0.219

銀行貸出（1971-2016）

定数項	LOG(M2)	LOG(LOAN(-1))	D98
0.522*	0.070**	0.895*	-0.172*
(12.33)	(1.83)	(22.02)	(-2.89)

自由度修正済み決定係数　0.999

F 値　　　　　　　　　22918.8

Durbin's h　　　　　　1.801

直接税収入（1971-2016）

定数項	LOG（GDP）	LOG（NTX_D(-1)）
-1.641*	0.329*	0.740*
(-3.39)	(3.77)	(10.83)

自由度修正済み決定係数	0.994
F 値	3951.9
Durbin's h	-0.629

間接税収入（1971-2016）

定数項	LOG（CP+CG）	LOG（NTX_ID(-1)）	D98
-1.069*	0.299*	0.731*	-0.276*
(-2.20)	(2.94)	(8.79)	(-4.48)

自由度修正済み決定係数	0.996
F 値	3388.1
Durbin's h	3.071

　上記の推定結果は概ね，期待される符号条件を標準的な有意水準をもって満たしている。例えば，1人当たり民間消費関数や民間投資関数，輸入関数では（可処分）所得水準と，直接・間接税収関数でも所得や消費水準と同符号をもつことが有意に保証されている。また，1人当たり民間消費関数や輸入関数における価格変数の係数は有意な負の値をとっており，物価上昇が民間消費や輸入を抑制する構造になっている。民間投資関数においても，前期までの資本蓄積が投資の過熱を抑制する仕組みになっている。GDP デフレーターなどの価格関数についても，需要圧力をはじめ各価格変数と同符号をもつことが有意に保証される結果を得ている。

　ただし，民間消費関数や民間投資関数のダービン・ワトソン統計量（DW stat.）は1前後と低いことには注意する必要があろう。また，Durbin's h 統計量は漸近的に標準正規分布に従うので，この値が 1.96 以上になると1階の

系列相関が0であるという帰無仮説を棄却することになる。推定結果からは
GDPデフレーターや消費者物価指数，間接税収入などの関数でDurbin's h統
計量の値が高くなっていることに注意する必要があるが，ここではこれらの
定式化を採用することとする。

2-2. 台湾モデルの推定結果（変数名一覧表は本章末の補論を参照）

1人当たり民間消費（1982-2016）

定数項	LOG(YD/POP)	LOG(CPI)	Z1	Z2	LOG(CP(-1)/POP(-1))
1.490*	0.382*	-0.811*	-0.412*	0.006*	1.162*
(3.25)	(4.37)	(-4.07)	(-3.74)	(3.56)	(11.34)

自由度修正済み決定係数　0.999
F値　5142.8
Durbin's h　1.330

民間投資（1982-2016）

定数項	LOG(GDP)	LOG(K(-1))	LOG(LOAN/PIPS)	D09	AR(1)
-3.429**	2.221*	-1.312*	0.410**	-0.060	0.885*
(-1.74)	(4.80)	(-3.46)	(1.72)	(-0.76)	(7.55)

自由度修正済み決定係数　0.990
F値　589.7
DW　1.680

総輸入（1982-2016）

定数項	LOG(GDP)	LOG(PM)	LOG(M(-1))	D0109
-1.848*	0.706*	-0.427*	0.465*	-0.144*
(-4.26)	(4.90)	(-4.45)	(4.31)	(-3.37)

自由度修正済み決定係数　0.994
F値　1349.1
Durbin's h　1.561

潜在 GDP （1982-2016）

定数項	LOG（K/LFN）	LOG（POGDP(-1)/LFN(-1)）
0.020*	0.020*	0.987*
（2.51）	（2.90）	（103.89）

自由度修正済み決定係数	1.000
F 値	69614.0
Durbin's h	0.766

GDP デフレーター （1998-2016）

定数項	DMP	PM
1.312*	0.096*	-0.393*
（21.69）	（2.51）	（-11.36）

自由度修正済み決定係数	0.928
F 値	116.3
DW	1.248

消費者物価指数 （1982-2016）

定数項	D（PGDP）	D（PM）	CPI(-1)
0.008	0.322*	0.186*	1.003*
（0.74）	（3.54）	（4.60）	（86.60）

自由度修正済み決定係数	0.996
F 値	2955.5
Durbin's h	0.374

輸入デフレーター （1982-2016）

定数項	D（EXR）	D（POIL/EXR）	PM(-1)
0.033	0.271*	0.296*	0.959*
（1.29）	（3.93）	（9.05）	（29.47）

自由度修正済み決定係数	0.965
F 値	311.5
Durbin's h	-0.130

銀行貸出（1982-2016）

定数項	DLOG(M2)	LOG(LOAN(-1))
-0.452	1.504*	1.043*
(-1.48)	(3.50)	(35.89)

自由度修正済み決定係数	0.997
F 値	4916.6
Durbin's h	2.726

直接税収入（1982-2016）

定数項	LOG(GDP)	LOG(TX_D(-1))	D09
-2.086*	0.529*	0.582*	-0.205**
(-2.57)	(2.97)	(4.43)	(-1.84)

自由度修正済み決定係数	0.980
F 値	564.1
Durbin's h	0.729

間接税収入（1982-2016）

定数項	LOG(CP+CG)	LOG(TX_ID(-1))	D01
0.775**	0.152**	0.671*	-0.468*
(1.95)	(1.85)	(4.38)	(-4.35)

自由度修正済み決定係数	0.887
F 値	90.4
Durbin's h	-1.078

台湾モデルにおいても上記の推定結果は概ね，期待される符号条件を標準的な有意水準をもって満たしている。韓国モデルと同様に，1人当たり民間消費関数や民間投資関数，輸入関数では（可処分）所得水準と，直接・間接税収関数でも所得や消費水準と同符号をもつことが有意に保証されている。また，1人当たり民間消費関数や輸入関数における価格変数の係数は有意な負の値をとるほか，民間投資関数においても前期までの資本蓄積が投資の過熱を抑制する構造になっている。なお，Durbin's h 統計量は銀行貸出の関数でのみ高い値を示している。

　ところで，台湾の GDP デフレーターの動きは 1980 年代以降，1998 年にかけて上昇していったが，1999 年から 2011 年まではデフレ傾向が続き，それ以降は再び上昇している（図 4-5）。そのため，GDP デフレーターの関数については全期間の線形回帰では不安定になることから，推定期間を 1998 年以降に限定している。さらに輸入物価とは逆向きの動きをしてきたというデータ特性上，輸入価格の係数は有意な負の値をとる形になっている。

図 4-5　台湾の価格指数の推移

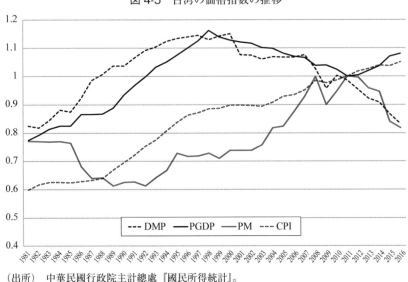

（出所）　中華民國行政院主計總處『國民所得統計』。

2-3. 年齢別消費水準

次に，1 人当たり民間消費関数から推定された Z1 と Z2 のパラメータを用いて，年齢別の相対的消費水準を分析する（Z1，Z2 の算出方法と解釈については第 6 章補論を参照）。Fair and Dominguez（1991）で提示された Z1 と Z2 の人口変数は，年齢階層（の数）とそれらの人口構成比率の関数になる。そして，2 次項 Z2 の係数の符号が負であれば現役世代や壮年層の消費が相対的に旺盛で，逆に正であれば若年層や高齢層が相対的に多く消費するという性質をもっている。実際に両国の民間消費関数から推定された Z2 のパラメータの符号をみると，韓国では有意に負であるのに対して，台湾では有意に正という結果が得られている。

これら Z1 と Z2 のパラメータおよび定数項の係数を用いて，15 〜 89 歳の各年齢の消費水準を計算したものが図 4-6 で示される。ここで，各年齢の数値の大小を韓台間で直接比較することに意味はないが，両国でその形状が大きく異なることは特筆される。韓国では Z2 の係数が負の値をとるため，現役世代や壮年層の消費水準が相対的に高く，20 歳代までの若年層や 70 歳代以上の高齢者の消費水準が低い，上に凸の形状（逆 U 字型）を示している（30 〜 72 歳で正の値をとる）。韓国では公的年金をはじめとする老後の社会保障制度が成熟していないため，稼得能力に乏しい高齢者の相対的貧困率が高く，また若年層の就業難や高い失業率も問題となっている現実をこの形状はうまく描写していると考えられる。

一方，台湾では Z2 の係数が正の値をとるため，働き盛りの現役世代や壮年層は消費を抑制して貯蓄を多く行うことで消費水準は相対的に低くなる，下に凸の形状（U 字型）を示している（26 〜 69 歳で負の値をとる）。現役世代と比べて高齢層は貯蓄を取り崩して生活すると考えられるため，その消費水準は相対的に高くなるという結果は，いわゆる「ライフサイクル仮説」と整合的であるといえよう。このような韓台間での年齢別消費水準の形状の違いは，次節で行うモデルのシミュレーション結果に大きく影響を及ぼすことが予想される。

図 4-6　韓国と台湾の年齢別消費水準

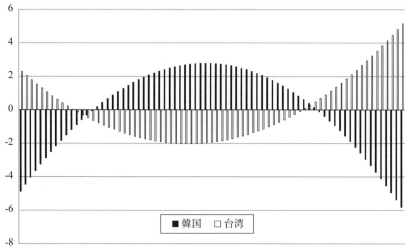

（出所）　筆者推計。
（注）　各年齢の消費水準は定数項で除して調整済み。

2-4.　モデルのパフォーマンス

　韓国モデルと台湾モデルともに，2010 〜 2016 年の期間で解くこととする。
韓国と台湾は 2000 年代後半のリーマン・ショックの影響を大きく受けたが，
その後一時的に V 字回復を遂げた。モデルを解く際には乱高下がみられた
その期間を除外し，低成長時代に入った 2010 年代に限定する。各モデルの
解法には EViews Ver.10 を使用した。モデルのパフォーマンスを確認するに
は，モデルで解かれた内生変数の基本解（ベースケース）と実績値を比較す
る必要がある。モデルの精度を測るうえで用いられる代表的な指標として，
平均平方誤差率（RMSE ratio）があるが，以下の**表 4-1** および**表 4-2** は各モ
デルにおける主要な内生変数の平均平方誤差率を示している。

表 4-1　韓国モデルの平均平方誤差率

GDP	CP	CFP	M	POGDP	K	DMP
0.0952	0.0752	0.2089	0.0123	0.0109	0.0309	0.0967

PGDP	CPI	PM	LOAN	NTX_D	NTX_ID	TXV
0.0106	0.0077	0.0544	0.0573	0.0633	0.0936	0.0482

（出所）　筆者推計。

表 4-2　台湾モデルの平均平方誤差率

GDP	CP	IPS	M	POGDP	K	DMP
0.0657	0.0489	0.1312	0.0355	0.0044	0.0155	0.0637

PGDP	CPI	PM	LOAN	TX_D	TX_ID	TXV
0.0144	0.0071	0.0130	0.0272	0.1002	0.0367	0.0552

（出所）　筆者推計。

　韓国モデルの平均平方誤差率をみると，民間投資が 20％以上とやや不安定な動きをしているが，モデルの基本解が発散していく状況ではない。それに引っ張られる形で GDP，そして需要圧力もやや高い値となっている。ただし，それら以外では全体的にパフォーマンスは概ね良好であると考えられる。台湾モデルの平均平方誤差率でも，民間投資が 13％程度（直接税収入も 10％）とやや高いものの，それ以外では安定的に実績値を追跡できているといえよう。台湾モデルの挙動は，韓国モデルよりも比較的安定していると判断される。

第 3 節　シミュレーション分析

　本節では，前節までで構築した韓国モデルと台湾モデルを用いて，人口変動などが国内需要の形成に及ぼす効果を検証する。具体的には，両国における少子高齢化の進展や人口規模の変化（人口変動ショック），また供給面にお

ける制約として労働力率の変化などを仮定して，それらシナリオの国内需要
（所得水準，民間消費，資本形成，輸入など）に与える影響について分析する。

　実際のシミュレーションに入る前に，韓国と台湾の長期の人口動態を将来
推計も含めてみてみよう。韓国の総人口のピークは中位推計で 2031 年にな
る見込みで，その後は人口減少社会に突入する。生産年齢人口（15 〜 64 歳）
は韓国では 2016 年ですでにピークアウトになっており，2020 年代に入ると
急減していくと見込まれている。一方，台湾の総人口は韓国より 10 年早い
2021 年にピークを迎えるとされ，生産年齢人口でも韓国とほぼ同時期の
2015 年にピークアウトしている。

　下の図 4-7 および図 4-8 は，両国における年齢集団別の人口比率を示し
ている。韓国では生産年齢人口比率のピークは規模と同様に 2016 年に迎え
ているが，2060 年代に入ると 50％を下回る水準まで急激に低下していく。

図 4-7　韓国の年齢集団別人口比率の推移（％）

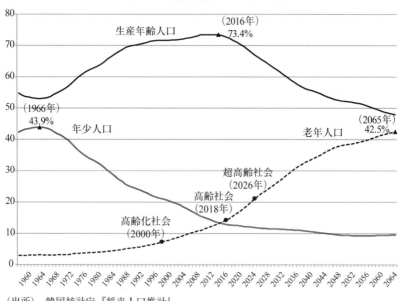

（出所）　韓国統計庁『将来人口推計』。

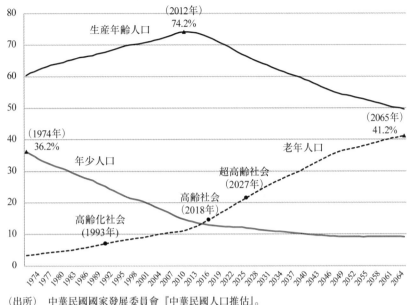

図 4-8　台湾の年齢集団別人口比率の推移（％）

（出所）　中華民國國家發展委員會『中華民國人口推估』。

台湾でもすでに 2012 年の生産年齢人口比率のピークを過ぎており，2065 年には 50％を割り込むことが予想されている。老年人口比率で示される高齢化率の推移は，高齢化社会（高齢化率 7％）→高齢社会（同 14％）→超高齢社会（同 21％）への移行が韓国では 2000 年→ 2018 年→ 2026 年，台湾では 1993 年→ 2018 年→ 2027 年となっている。台湾では高齢化社会から高齢社会までの移行年数が韓国よりも長かったが，両国は超高齢社会まではほぼ同じ年数を辿るとされる。また，2060 年代に入ると両国の高齢化率は 40％を超える水準まで上昇していく[4]。

---

[4]　2007 年に超高齢社会に突入して久しい日本であるが，高齢化率は 2050 年代以降は 40％を上回らない水準で安定的に推移していくとみられ，2065 年時点では 38.4％と推計されている（国立社会保障・人口問題研究所）。

3-1. 人口変動ショック

　ここでのシミュレーションでは，両国の人口構造を 10 年または 20 年前倒しすると仮定する。つまり，モデルを解く 2010 ～ 2016 年の期間の人口構造を 2020 ～ 2026 年または 2030 ～ 2036 年のものに置き換えるという人口変動ショックを与える。同期間の人口規模の変化および人口構造の変化に対応した Z1 と Z2 の推移は，表 4-3 および表 4-4 に示される通りである。

　シミュレーション期間内の高齢化率の推移は，10 年前倒しシナリオで韓国では 10.83 %（2010 年）→ 13.20 %（2016 年）から 15.65 %（2020 年）→ 21.08 %（2026 年）に変更される。一方，台湾では 10.74 %（2010 年）→ 13.20 %（2016 年）から 16.03 %（2020 年）→ 20.74 %（2026 年）に変更される。20 年前倒しシナリオでは，韓国で 24.47 %（2030 年）→ 29.65 %（2036 年）に，台湾では 23.88 %（2030 年）→ 27.91 %（2036 年）に変更される。両国の高齢化率のショックはほぼ同等であるが，韓国のほうが台湾よりも若干高齢化のスピードが速い。

表 4-3　韓国の人口規模の変化および Z1・Z2 の推移

	ベースケース				10 年前倒しシナリオ		
	POP（千人）	Z1	Z2		POP（千人）	Z1	Z2
2010	49554.112	-8.974	-781.493	2020	51973.817	-5.123	-514.865
2011	49936.638	-8.665	-760.128	2021	52123.644	-4.673	-483.274
2012	50199.853	-8.331	-736.954	2022	52261.368	-4.251	-452.843
2013	50428.893	-7.991	-713.459	2023	52388.225	-3.858	-423.460
2014	50746.659	-7.623	-688.267	2024	52504.489	-3.452	-393.326
2015	51014.947	-7.261	-662.749	2025	52609.988	-3.054	-363.566
2016	51245.707	-6.876	-635.337	2026	52704.191	-2.691	-335.116

	20 年前倒しシナリオ		
	POP（千人）	Z1	Z2
2030	52941.342	-1.218	-217.597
2031	52957.605	-0.843	-187.096
2032	52956.398	-0.480	-157.706
2033	52936.181	-0.121	-127.940
2034	52895.629	0.252	-96.052
2035	52833.722	0.615	-64.433
2036	52749.649	0.987	-31.215

（出所）　筆者推計。

表 4-4　台湾の人口規模の変化および Z1・Z2 の推移

	ベースケース				10 年前倒しシナリオ		
	POP（千人）	Z1	Z2		POP（千人）	Z1	Z2
2010	23162.123	-9.022	-771.223	2020	23610.230	-5.483	-540.653
2011	23224.912	-8.732	-752.385	2021	23614.052	-5.067	-512.326
2012	23315.822	-8.444	-733.230	2022	23613.775	-4.653	-483.343
2013	23373.517	-8.075	-710.252	2023	23609.086	-4.233	-453.509
2014	23440.278	-7.708	-686.382	2024	23599.316	-3.815	-423.377
2015	23492.074	-7.442	-668.266	2025	23585.049	-3.363	-391.336
2016	23539.816	-7.085	-645.473	2026	23566.080	-2.971	-361.420

	20 年前倒しシナリオ		
	POP（千人）	Z1	Z2
2030	23425.569	-1.611	-249.472
2031	23370.390	-1.285	-221.643
2032	23306.511	-0.944	-192.778
2033	23233.717	-0.594	-163.280
2034	23151.674	-0.247	-133.546
2035	23059.425	0.108	-102.506
2036	22956.948	0.444	-72.835

（出所）　筆者推計。

　人口規模の推移については，10 年前倒しシナリオで韓国では 4955 万 4000 人（2010 年）→ 5124 万 6000 人（2016 年）から 5197 万 4000 人（2020 年）→ 5270 万 4000 人（2026 年）に変更されることで人口増加圧力が高まる。一方，台湾の人口規模の推移は 2316 万 2000 人（2010 年）→ 2354 万人（2016 年）から 2361 万人（2020 年）→ 2356 万 6000 人（2026 年）に変更されるので，若干の人口増加圧力と同時に前述のように 2022 年から人口減少に転じる変化となる。20 年前倒しシナリオでは，韓国では 5294 万 1000 人（2030 年）→ 5275 万人（2036 年）と依然として人口増加圧力がかかるものの，2032 年からは少しずつ人口減少に転じていく。台湾では 2342 万 6000 人（2030 年）→ 2295 万 7000 人（2036 年）に変更され，10 年前倒しシナリオよりも人口減少が加速する形となる。

　表 4-5 および表 4-6 は，上記の人口変動ショックを与えてモデルを解いたシミュレーション結果（ベースケースとの乖離度）を示している。韓国モデ

表4-5　韓国モデルのシミュレーション結果①（人口変動ショック）

(%)

	GDP_1	GDP_2	GDP/POP_1	GDP/POP_2	CP_1	CP_2	CFP_1	CFP_2	M_1	M_2
2009	0.000	0.000	0.000	0.000	0.000	0.000	0.000	0.000	0.000	0.000
2010	16.699	11.250	11.266	4.132	18.751	13.083	37.540	24.614	8.330	5.679
2011	-1.952	-2.762	-6.066	-8.309	4.225	1.044	-6.949	-7.625	4.399	2.251
2012	2.189	-0.036	-1.842	-5.239	7.220	1.994	2.541	-1.121	4.068	1.474
2013	1.548	-0.891	-2.250	-5.585	6.135	0.042	1.271	-2.601	3.511	0.512
2014	1.227	-1.928	-2.162	-5.912	5.234	-2.411	0.776	-4.344	2.972	-0.667
2015	1.064	-2.401	-2.001	-5.760	4.602	-4.316	0.628	-4.832	2.529	-1.690
2016	0.613	-3.102	-2.172	-5.865	3.532	-6.487	-0.124	-5.809	1.999	-2.729

	DMP_1	DMP_2	PGDP_1	PGDP_2	CPI_1	CPI_2	TXV_1	TXV_2	BAL_1	BAL_2
2009	0.000	0.000	0.000	0.000	0.000	0.000	0.000	0.000	0.000	0.000
2010	16.632	11.206	0.572	0.385	0.309	0.209	3.585	2.471	36.561	25.206
2011	-2.044	-2.819	0.488	0.281	0.266	0.153	2.801	1.580	25.820	14.568
2012	2.058	-0.109	0.537	0.273	0.292	0.149	2.980	1.353	27.428	12.454
2013	1.387	-0.970	0.565	0.244	0.308	0.134	2.984	0.938	25.198	7.922
2014	1.038	-2.005	0.583	0.195	0.319	0.109	2.828	0.299	29.543	3.119
2015	0.851	-2.467	0.599	0.141	0.329	0.081	2.627	-0.350	90.775	-12.079
2016	0.381	-3.150	0.601	0.077	0.331	0.047	2.366	-1.054	161.485	-71.906

（出所）　筆者推計。
（注）　_1 および _2 は，それぞれ10年前倒しシナリオ，20年前倒しシナリオを示す。

表4-6　台湾モデルのシミュレーション結果①（人口変動ショック）

(%)

	GDP_1	GDP/POP_1	CP_1	IPS_1	M_1
2009	0.000	0.000	0.000	0.000	0.000
2010	-1.454	-3.324	-2.753	-3.201	-1.028
2011	-3.995	-5.577	-8.379	-8.379	-3.302
2012	-6.419	-7.600	-14.549	-12.846	-6.053
2013	-8.144	-9.061	-19.797	-15.599	-8.515
2014	-9.368	-9.978	-24.419	-17.182	-10.490
2015	-10.611	-10.964	-29.005	-18.717	-12.255
2016	-10.733	-10.832	-31.876	-18.108	-13.147

	DMP_1	PGDP_1	CPI_1	TXV_1	BAL_1
2009	0.000	0.000	0.000	0.000	0.000
2010	-1.449	-0.144	-0.049	-0.746	4.118
2011	-3.976	-0.378	-0.123	-2.448	18.959
2012	-6.374	-0.568	-0.183	-4.609	35.340
2013	-8.059	-0.691	-0.221	-6.738	174.536
2014	-9.228	-0.774	-0.248	-8.661	291.590
2015	-10.405	-0.747	-0.249	-10.364	-3394.631
2016	-10.447	-0.697	-0.232	-11.523	143.007

（出所）　筆者推計。
（注）　_1 は10年前倒しシナリオを示す。

ルでは，人口増加に伴って相対的な消費水準が正の値をとる年齢層の割合も
増加することで，10年前倒しシナリオではGDPが一時的に17%近く，民間
消費は19%近く，民間投資に至っては37%程度まで増大する。直後の反動
減の後は，増加幅は緩やかに低減していく。20年前倒しシナリオでも同様
の動きがみられるが，急速な高齢化によって相対的消費水準が負の値をとる
高齢層割合が増加することで，GDPや民間消費など内需項目は減少に転じ
ていく。輸入においても両シナリオで，GDPや民間消費と同様の動きが反
映されていく。なお，1人当たりGDPの動きもGDP全体と同様の傾向をも
つが，人口増加圧力によって減少傾向が続く結果となる。GDPが増大する
局面では需要圧力が増大していくことで物価水準も上昇するが，GDPの減
少局面では需要圧力は低下し，それに応じて物価上昇も緩和される。また，

図4-9　韓国モデルにおける財政収支の変化（各シミュレーション結果）
（単位：10億ウォン）

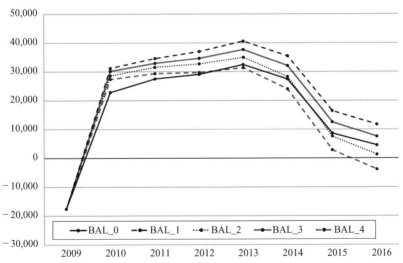

（出所）　筆者推計。
（注）　BAL_0はベースケース，BAL_1は10年前倒しシナリオで人口変動ショックのみ，
　　　　BAL_2は20年前倒しシナリオで人口変動ショックのみ，BAL_3は10年前倒し
　　　　シナリオで人口変動ショック＋労働力の維持，BAL_4は20年前倒しシナリオで
　　　　人口変動ショック＋労働力の維持を示す。

GDP や民間消費が増大する局面では全体の税収も上がり，黒字基調の財政収支はさらに好転する（図4-9）。しかし，20年前倒しシナリオではGDPや内需の減少によって最終的には税収減に陥り，それによって財政黒字は縮小する（図4-9）。

　台湾モデルでは10年前倒しシナリオの結果は得られたものの，20年前倒しシナリオではシミュレーション解が収束しない結果となった。20年前倒しシナリオでの人口変動ショックは，現状の台湾モデルには負荷が過大であることが考えられる。したがって，ここでは10年前倒しシナリオでのシミュレーション結果のみを考察するが，台湾モデルでは概して韓国モデルとは逆方向の結果となっている。台湾でも若干の人口増加圧力がかかるが，相対的消費水準の形状がU字型であるために負の値をとる年齢層割合の増加によっ

図4-10　台湾モデルにおける財政収支の変化（各シミュレーション結果）
（単位：10億新台湾ドル）

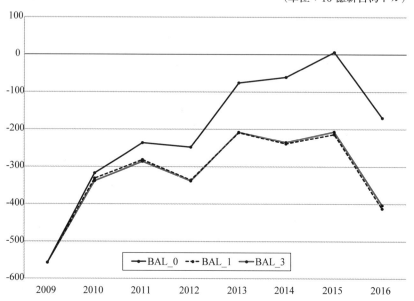

（注）　BAL_0はベースケース，BAL_1は10年前倒しシナリオで人口変動ショックのみ，
　　　　BAL_3は10年前倒しシナリオで人口変動ショック＋労働力の維持を示す。

て，民間消費は最終的に約 32％，GDP 全体や 1 人当たり GDP は約 11％まで減少する。GDP の動きは民間投資や輸入にも影響を与え，同様の減少傾向が波及していく。GDP の減少によって，需要圧力の低下とともに物価水準の下落が引き起こされる。また，内需の減退によって全体の税収も減少傾向が続き，赤字基調の財政収支はさらに悪化する（図 4-10）。

3-2.　労働力率の維持

前のシミュレーションは両国の人口構造を 10 年または 20 年前倒しして行ったが，その際の労働力人口には変化を与えなかった。人口変動ショックによって人口成長や少子高齢化が進行して 15 歳以上人口が増加したにもかかわらず，労働力人口に変化を与えないということは労働力率は逆に減少したことを意味していた。実際に，2010 ～ 2016 年の労働力率は韓国では 60.03 ～ 61.77％，台湾では 56.66 ～ 57.49％であったが，例えば 10 年前倒しシナリオでのシミュレーションでは韓国が 54.97 ～ 59.06％，台湾は 53.68 ～ 56.67％に下がった状態であった（表 4-7 および表 4-8 を参照）。そこで，ここでは両国の人口構造の 10 年または 20 年前倒しに加えて，2010 ～ 2016 年の労働力率はそのまま維持されると仮定し，人口変動ショックによる 15 歳以上人口の増加に見合った労働力人口の増加をモデルに与えて，新たなシミュレーションを行う。ここでのシミュレーションで用いられる新たな労働力人口の変化は，以下の表 4-7 および表 4-8 に示される通りである。

表 4-9 および表 4-10 は，先の人口変動ショックと労働力率の維持を仮定してモデルを解いたシミュレーション結果（ベースケースとの乖離度）を示している。また，表 4-11 および表 4-12 は先の人口変動ショックのみによるシミュレーション結果との差分をとって，労働力人口増の効果を示している。韓国モデルではまず，労働力人口の増加によって潜在 GDP が上がることで需要圧力の低下が起こり，それに起因して物価水準の下落も続く（10 年前倒しシナリオの初年度は GDP の増分効果のほうが大きいため一時的に上昇する）。10 年前倒しシナリオよりも 20 年前倒しシナリオにおいて，それらの下押し

表4-7　韓国の労働力人口と15歳以上人口の変化および労働力率の推移

	ベースケース				10年前倒しシナリオ		
	LFN(千人)	15歳以上人口(千人)	労働力率(%)		LFN(千人)	15歳以上人口(千人)	(ベースケースのLFNで測った労働力率)
2010	24956	41574.673	60.03	2020	27251.862	45399.393	(54.97)
2011	25389	42165.178	60.21	2021	27444.510	45578.899	(55.70)
2012	25781	42622.622	60.49	2022	27681.990	45765.447	(56.33)
2013	26108	43036.656	60.66	2023	27886.469	45968.300	(56.80)
2014	26836	43532.966	61.65	2024	28434.504	46126.036	(58.18)
2015	27153	43985.064	61.73	2025	28560.364	46264.849	(58.69)
2016	27418	44389.388	61.77	2026	28676.987	46427.671	(59.06)

	20年前倒しシナリオ		
	LFN(千人)	15歳以上人口(千人)	(ベースケースのLFNで測った労働力率)
2030	28112.185	46832.622	(53.29)
2031	28222.254	46870.548	(54.17)
2032	28358.787	46884.366	(54.99)
2033	28443.788	46886.990	(55.68)
2034	28897.102	46876.456	(57.25)
2035	28923.226	46852.648	(57.95)
2036	28916.720	46815.796	(58.57)

（出所）　筆者推計。

表4-8　台湾の労働力人口と15歳以上人口の変化および労働力率の推移

	ベースケース				10年前倒しシナリオ		
	LFN(千人)	15歳以上人口(千人)	労働力率(%)		LFN(千人)	15歳以上人口(千人)	(ベースケースのLFNで測った労働力率)
2010	11070	19537.812	56.66	2020	11683.620	20620.811	(53.68)
2011	11200	19723.122	56.79	2021	11727.426	20651.915	(54.23)
2012	11341	19904.145	56.98	2022	11782.658	20679.281	(54.84)
2013	11445	20026.916	57.15	2023	11827.810	20696.772	(55.30)
2014	11535	20168.862	57.19	2024	11842.627	20706.746	(55.71)
2015	11638	20304.294	57.32	2025	11857.304	20686.903	(56.26)
2016	11727	20397.935	57.49	2026	11897.512	20694.524	(56.67)

	20年前倒しシナリオ		
	LFN(千人)	15歳以上人口(千人)	(ベースケースのLFNで測った労働力率)
2030	11752.483	20742.349	(53.37)
2031	11775.362	20736.331	(54.01)
2032	11801.676	20712.659	(54.75)
2033	11814.057	20672.706	(55.36)
2034	11795.238	20623.886	(55.93)
2035	11788.429	20566.740	(56.59)
2036	11786.787	20501.928	(57.20)

（出所）　筆者推計。

表 4-9　韓国モデルのシミュレーション結果②（人口変動ショック＋労働力の維持）

(%)

	GDP_3	GDP_4	GDP/POP_3	GDP/POP_4	CP_3	CP_4	CFP_3	CFP_4	M_3	M_4
2009	0.000	0.000	0.000	0.000	0.000	0.000	0.000	0.000	0.000	0.000
2010	16.175	10.757	10.766	3.671	18.224	12.549	36.266	23.477	8.078	5.436
2011	-1.959	-2.876	-6.073	-8.416	4.015	0.699	-6.877	-7.764	4.233	2.032
2012	2.008	-0.238	-2.015	-5.431	6.803	1.499	2.240	-1.442	3.863	1.223
2013	1.364	-1.108	-2.427	-5.792	5.666	-0.519	0.982	-2.936	3.277	0.232
2014	1.035	-2.146	-2.347	-6.122	4.723	-3.007	0.486	-4.663	2.717	-0.965
2015	0.879	-2.608	-2.179	-5.961	4.069	-4.927	0.364	-5.117	2.263	-1.994
2016	0.429	-3.304	-2.351	-6.061	2.979	-7.106	-0.379	-6.077	1.726	-3.035

	DMP_3	DMP_4	PGDP_3	PGDP_4	CPI_3	CPI_4	TXV_3	TXV_4	BAL_3	BAL_4
2009	0.000	0.000	0.000	0.000	0.000	0.000	0.000	0.000	0.000	0.000
2010	6.470	-1.536	0.222	-0.053	0.120	-0.029	3.139	1.938	32.012	19.772
2011	-9.156	-12.376	-0.090	-0.467	-0.048	-0.251	2.129	0.722	19.629	6.655
2012	-4.774	-8.928	-0.221	-0.706	-0.118	-0.380	2.096	0.232	19.286	2.136
2013	-4.812	-8.740	-0.341	-0.919	-0.182	-0.494	1.923	-0.394	16.241	-3.325
2014	-4.299	-8.533	-0.437	-1.108	-0.233	-0.597	1.631	-1.187	17.040	-12.406
2015	-3.696	-7.878	-0.515	-1.273	-0.276	-0.688	1.325	-1.949	45.783	-67.351
2016	-3.539	-7.534	-0.581	-1.413	-0.311	-0.761	0.987	-2.726	67.353	-186.089

（出所）　筆者推計。
（注）　_3 および _4 は，それぞれ 10 年前倒しシナリオ，20 年前倒しシナリオを示す。

表 4-10　台湾モデルのシミュレーション結果②（人口変動ショック＋労働力の維持）

(%)

	GDP_3	GDP/POP_3	CP_3	IPS_3	M_3
2009	0.000	0.000	0.000	0.000	0.000
2010	-1.365	-3.237	-2.584	-3.008	-0.965
2011	-3.843	-5.428	-8.044	-8.075	-3.166
2012	-6.206	-7.390	-14.045	-12.442	-5.841
2013	-7.863	-8.782	-19.106	-15.084	-8.222
2014	-9.017	-9.631	-23.517	-16.559	-10.113
2015	-10.188	-10.542	-27.874	-17.984	-11.789
2016	-10.224	-10.324	-30.454	-17.231	-12.584

	DMP_3	PGDP_3	CPI_3	TXV_3	BAL_3
2009	0.000	0.000	0.000	0.000	0.000
2010	-6.442	-0.639	0.216	1.202	6.635
2011	-7.971	-0.758	-0.247	-2.732	21.159
2012	-9.438	-0.842	-0.271	-4.724	36.219
2013	-10.471	-0.898	-0.288	-6.717	173.990
2014	-10.914	-0.915	-0.294	-8.501	286.203
2015	-11.290	-0.811	-0.272	-10.050	-3291.847
2016	-10.854	-0.724	-0.242	-11.085	137.574

（出所）　筆者推計。
（注）　_3 は 10 年前倒しシナリオを示す。

表4-11 韓国モデルにおける労働力人口増の効果①

	△GDP_1	△GDP_2	△GDP/POP_1	△GDP/POP_2	△CP_1	△CP_2	△CFP_1	△CFP_2	△M_1	△M_2
2009	0.000	0.000	0.000	0.000	0.000	0.000	0.000	0.000	0.000	0.000
2010	-0.525	-0.493	-0.500	-0.461	-0.527	-0.534	-1.273	-1.137	-0.253	-0.243
2011	-0.008	-0.114	-0.007	-0.107	-0.210	-0.345	0.071	-0.139	-0.166	-0.218
2012	-0.181	-0.202	-0.174	-0.192	-0.418	-0.495	-0.301	-0.322	-0.206	-0.250
2013	-0.184	-0.217	-0.177	-0.207	-0.469	-0.561	-0.288	-0.334	-0.233	-0.279
2014	-0.192	-0.218	-0.185	-0.209	-0.511	-0.596	-0.290	-0.319	-0.255	-0.298
2015	-0.184	-0.207	-0.179	-0.200	-0.534	-0.611	-0.263	-0.286	-0.266	-0.305
2016	-0.184	-0.202	-0.179	-0.196	-0.553	-0.619	-0.255	-0.268	-0.273	-0.306

	△DMP_1	△DMP_2	△PGDP_1	△PGDP_2	△CPI_1	△CPI_2	△TXV_1	△TXV_2	△BAL_1	△BAL_2
2009	0.000	0.000	0.000	0.000	0.000	0.000	0.000	0.000	0.000	0.000
2010	-10.161	-12.742	-0.349	-0.438	-0.189	-0.237	-0.446	-0.533	-4.549	-5.434
2011	-7.113	-9.557	-0.579	-0.747	-0.313	-0.404	-0.672	-0.858	-6.191	-7.912
2012	-6.832	-8.819	-0.759	-0.979	-0.410	-0.529	-0.885	-1.121	-8.142	-10.317
2013	-6.199	-7.769	-0.905	-1.163	-0.490	-0.629	-1.061	-1.332	-8.958	-11.247
2014	-5.337	-6.528	-1.021	-1.303	-0.552	-0.705	-1.197	-1.486	-12.503	-15.525
2015	-4.546	-5.410	-1.114	-1.414	-0.605	-0.768	-1.302	-1.599	-44.991	-55.272
2016	-3.920	-4.384	-1.183	-1.489	-0.641	-0.808	-1.379	-1.673	-94.132	-114.183

（出所）　筆者推計。
（注）　(1)　_1 および _2 は，それぞれ 10 年前倒しシナリオ，20 年前倒しシナリオを示す。
　　　　(2)　それぞれの数値は，表4-9 の各変数の数値 − 表4-5 の各変数の数値を示す。

表4-12 台湾モデルにおける労働力人口増の効果①

	△GDP_1	△GDP/POP_1	△CP_1	△IPS_1	△M_1
2009	0.000	0.000	0.000	0.000	0.000
2010	0.089	0.087	0.168	0.193	0.063
2011	0.151	0.149	0.335	0.304	0.136
2012	0.213	0.210	0.503	0.403	0.212
2013	0.281	0.278	0.691	0.514	0.294
2014	0.350	0.348	0.902	0.623	0.378
2015	0.423	0.422	1.131	0.733	0.466
2016	0.508	0.508	1.422	0.877	0.564

	△DMP_1	△PGDP_1	△CPI_1	△TXV_1	△BAL_1
2009	0.000	0.000	0.000	0.000	0.000
2010	-4.993	-0.495	-0.168	-0.456	2.517
2011	-3.995	-0.380	-0.124	-0.284	2.200
2012	-3.064	-0.273	-0.088	-0.115	0.880
2013	-2.412	-0.207	-0.067	0.021	-0.545
2014	-1.686	-0.141	-0.046	0.160	-5.387
2015	-0.886	-0.064	-0.022	0.314	102.783
2016	-0.407	-0.027	-0.010	0.438	-5.433

（出所）　筆者推計。
（注）　(1)　_1 は 10 年前倒しシナリオを示す。
　　　　(2)　それぞれの数値は，表4-10 の各変数の数値 − 表4-6 の各変数の数値を示す。

圧力は強い。しかしながら，ここでの潜在生産力の向上には内需項目および GDP 全体（1 人当たり GDP も含む）や税収を喚起させる効果はなく，むしろ人口変動ショックのみを仮定した場合の効果を若干下振れさせる作用をもつ[5]。その結果，財政収支に対しても人口変動ショックのみを仮定した場合の効果を減じてしまい，20 年前倒しシナリオの最終年には財政赤字に陥る（図 4-9）。

台湾モデルでは，人口変動ショックによるシミュレーションと同様に，20 年前倒しシナリオではシミュレーション解が収束しない結果となった。10 年前倒しシナリオでの結果をみると，韓国モデルと同様に労働力人口の増加によって潜在 GDP が増大することで需要圧力の低下がさらに起こり，それによって物価水準のさらなる下落も引き起こされる。しかし，台湾モデルでは潜在生産力の向上は内需項目および GDP 全体（1 人当たり GDP も含む）に対して，人口変動ショックのみを仮定した場合の効果を若干押し上げる作用をもっている。ただし，内需や GDP を増加に導くまでの効果はない。税収をはじめ財政部門に対しては，人口変動ショックのみを仮定した場合と比較して，増減の効果が混在する結果となっている（表 4-12 および図 4-10）。

3-3. 民間消費および生産の構造変化を加味したシミュレーション

先の 2 種類のシミュレーションは，第 2 節で推定された各関数の係数群を用いて，Z1 と Z2，人口規模，労働力人口の系列のみに変化を与えてモデルを解く，いわゆるショックテストであった。次に，人口構造・規模や労働力人口に同様の変化を与えた系列を用いて（それら以外のデータ系列は元のままで）1 人当たり民間消費関数と供給関数を再推定し，得られた新たな係数群

---

5) このモデルでは労働力人口の増加が潜在 GDP に正の影響を与えるまでは導出されるものの，それが民間消費や GDP に波及する経路は価格を通じてのみであるため，生産・供給側からのアプローチが不十分であることが考えられる。また，民間消費関数における価格変数は，台湾では消費者物価のみであるのに対して，韓国では一般物価との相対価格であることも関係しているのかもしれない。

を用いてモデルを解くシミュレーションを考えてみる。この場合，人口変動や労働力人口の変化に伴って，年齢別の消費水準や潜在 GDP を決める生産体系にも構造変化が起こることを仮定したシミュレーションであると考えられる。1 人当たり民間消費関数および潜在 GDP 関数の再推定結果は，以下の通りである。

（韓国）1 人当たり民間消費 （1980-2016）

定数項	LOG（YD/POP_SIM1）	LOG（CPI/PGDP）	Z1_SIM1	Z2_SIM1	D9809
0.139	0.689*	-0.588*	0.149*	-0.002*	-0.035**
(1.04)	(10.58)	(-3.03)	(3.17)	(-3.30)	(-1.92)

自由度修正済み決定係数	0.997
F 値	2858.6
DW	0.972

定数項	LOG（YD/POP_SIM2）	LOG（CPI/PGDP）	Z1_SIM2	Z2_SIM2	D9809
0.132	0.748*	-0.474*	0.091*	-0.001*	-0.036**
(1.09)	(13.70)	(-2.69)	(2.52)	(-2.64)	(-1.91)

自由度修正済み決定係数	0.997
F 値	2661.5
DW	0.867

（韓国）潜在 GDP （1971-2016）

定数項	LOG（K/LFN_SIM1）	LOG（POGDP(-1)/LFN_SIM1(-1)）
0.012	0.018**	0.987*
(0.90)	(1.79)	(70.47)

自由度修正済み決定係数	0.999
F 値	28060.9
Durbin's h	-0.460

定数項	LOG（K/LFN_SIM2）	LOG（POGDP(-1)/LFN_SIM2(-1)）
0.013	0.019	0.985*
(0.79)	(1.59)	(57.28)

自由度修正済み決定係数　0.999

F 値　　　　　　　　　18625.8

Durbin's h　　　　　　-0.502

（台湾）1 人当たり民間消費（1982-2016）

定数項	LOG（YD/POP_SIM1）	LOG（CPI）	Z1_SIM1	Z2_SIM1	LOG（CP(-1)/POP_SIM1(-1)）
0.829*	0.209**	-0.633*	-0.210*	0.003*	1.121*
(3.56)	(1.97)	(-3.74)	(-3.10)	(3.14)	(11.56)

自由度修正済み決定係数　0.998

F 値　　　　　　　　　3854.3

Durbin's h　　　　　　2.710

定数項	LOG（YD/POP_SIM2）	LOG（CPI）	Z1_SIM2	Z2_SIM2	LOG（CP(-1)/POP_SIM2(-1)）
0.413*	0.131	-0.570*	-0.101*	0.001*	1.119*
(3.82)	(1.36)	(-3.56)	(-2.82)	(2.91)	(11.65)

自由度修正済み決定係数　0.998

F 値　　　　　　　　　3893.8

Durbin's h　　　　　　2.557

（台湾）潜在 GDP（1982-2016）

定数項	LOG（K/LFN_SIM1）	LOG（POGDP(-1)/LFN_SIM1(-1)）
0.020	0.019	0.988*
(1.33)	(1.43)	(53.16)

自由度修正済み決定係数　0.999

F 値　　　　　　　　　18357.4

Durbin's h　　　　　　-0.135

定数項	LOG(K/LFN_SIM2)	LOG(POGDP(-1)/LFN_SIM2(-1))
0.023	0.017	0.992*
(1.38)	(1.17)	(48.64)
自由度修正済み決定係数	0.999	
F 値	15364.4	
Durbin's h	-0.049	

　ここで，_SIM1 および _SIM2 はそれぞれ 10 年前倒しシナリオ，20 年前倒しシナリオにおける各外生変数を示している。韓国の 1 人当たり民間消費関数における Z1 と Z2 の係数の符号に変化はなく，統計的有意性も保たれている。1 人当たり可処分所得および国内相対価格の係数の値については，若干の増加がみられる。また，DW stat. は若干低下してしまっている。潜在GDP 関数でも各係数の符号に変化はみられないが，20 年前倒しシナリオでは労働力人口当たり資本ストックで統計的有意性は失われてしまう。一方，台湾の 1 人当たり民間消費関数では Z1 と Z2 の係数の符号に変化はないものの（統計的に有意），20 年前倒しシナリオの 1 人当たり可処分所得で統計的有意性はなくなる。また，韓国とは異なり 1 人当たり可処分所得の係数の値は減少する。潜在 GDP 関数では，両シナリオで労働力人口当たり資本ストックの係数が統計的に有意でなくなる。

　表 4-13 および表 4-14 は，人口変動ショックによる民間消費の構造変化を加味した（1 人当たり民間消費関数のみ再推定した係数群を用いてモデルを解いた）シミュレーション結果（ベースケースとの乖離度）を示している。韓国モデルでは両シナリオにおいて，GDP（および 1 人当たり GDP）や内需項目でショックテストと比べて初年度の上がり方が異なるほか，全体的に減少傾向や下振れ圧力が強い。需要圧力や物価水準，財政部門についても，減少あるいは下振れ傾向が強く表れている。

　台湾モデルについては，ここでは両シナリオでシミュレーション解が収束する結果が得られた。10 年前倒しシナリオの結果からは，あらゆる変数で

表 4-13　韓国モデルのシミュレーション結果③（人口変動ショック）

(％)

	GDP_1	GDP_2	GDP/POP_1	GDP/POP_2	CP_1	CP_2	CFP_1	CFP_2	M_1	M_2
2009	0.000	0.000	0.000	0.000	0.000	0.000	0.000	0.000	0.000	0.000
2010	6.351	13.214	1.400	5.970	7.615	15.176	13.551	29.196	3.242	6.642
2011	-0.824	-5.133	-4.985	-10.545	1.631	-1.432	-2.899	-12.528	1.710	1.562
2012	-0.902	-0.868	-4.811	-6.028	0.185	0.173	-2.598	-2.593	0.661	0.582
2013	-0.833	-1.122	-4.542	-5.805	-0.619	-1.089	-2.101	-2.745	0.005	-0.198
2014	-1.192	-1.685	-4.500	-5.679	-1.759	-2.671	-2.578	-3.566	-0.616	-1.007
2015	-1.577	-2.418	-4.561	-5.778	-3.000	-4.672	-3.101	-4.699	-1.227	-1.923
2016	-1.852	-2.488	-4.568	-5.269	-4.073	-5.728	-3.392	-4.442	-1.775	-2.565

	DMP_1	DMP_2	PGDP_1	PGDP_2	CPI_1	CPI_2	TXV_1	TXV_2	BAL_1	BAL_2
2009	0.000	0.000	0.000	0.000	0.000	0.000	0.000	0.000	0.000	0.000
2010	6.326	13.161	0.217	0.452	0.118	0.245	1.425	2.878	14.538	29.358
2011	-0.860	-5.191	0.183	0.267	0.100	0.146	1.105	1.345	10.190	12.400
2012	-0.946	-0.936	0.154	0.236	0.084	0.130	0.732	0.931	6.732	8.569
2013	-0.878	-1.192	0.129	0.203	0.071	0.112	0.414	0.506	3.496	4.275
2014	-1.234	-1.749	0.099	0.160	0.056	0.090	0.043	-0.004	0.453	-0.040
2015	-1.612	-2.470	0.064	0.106	0.037	0.062	-0.355	-0.599	-12.277	-20.711
2016	-1.875	-2.522	0.026	0.054	0.017	0.035	-0.751	-1.109	-51.248	-75.662

（出所）　筆者推計。
（注）　_1 および _2 は，それぞれ 10 年前倒しシナリオ，20 年前倒しシナリオを示す。

表 4-14　台湾モデルのシミュレーション結果③（人口変動ショック）

(％)

	GDP_1	GDP_2	GDP/POP_1	GDP/POP_2	CP_1	CP_2	IPS_1	IPS_2	M_1	M_2
2009	0.000	0.000	0.000	0.000	0.000	0.000	0.000	0.000	0.000	0.000
2010	-0.728	-1.400	-2.612	-2.509	-1.375	-2.651	-1.610	-3.084	-0.514	-0.990
2011	-2.100	-2.524	-3.713	-3.131	-4.369	-5.500	-4.458	-5.243	-1.722	-2.241
2012	-3.032	-3.074	-4.256	-3.036	-6.947	-7.375	-6.127	-6.035	-2.937	-3.206
2013	-3.221	-2.878	-4.187	-2.294	-8.164	-7.708	-6.126	-5.221	-3.630	-3.514
2014	-3.233	-2.607	-3.885	-1.393	-8.913	-7.650	-5.770	-4.322	-3.960	-3.467
2015	-2.477	-1.114	-2.862	0.741	-7.916	-4.889	-3.773	-0.793	-3.585	-2.403
2016	-0.481	1.569	-0.592	4.148	-3.910	1.152	0.807	5.225	-2.018	-0.034

	DMP_1	DMP_2	PGDP_1	PGDP_2	CPI_1	CPI_2	TXV_1	TXV_2	BAL_1	BAL_2
2009	0.000	0.000	0.000	0.000	0.000	0.000	0.000	0.000	0.000	0.000
2010	-0.726	-1.396	-0.072	0.139	0.024	-0.047	-0.373	-0.718	2.059	3.966
2011	-2.090	-2.509	-0.199	-0.239	-0.065	-0.078	-1.273	-1.673	9.861	12.956
2012	-3.009	-3.044	-0.268	-0.271	-0.086	-0.087	-2.234	-2.487	17.127	19.066
2013	-3.178	-2.827	-0.273	-0.243	-0.087	-0.078	-2.896	-2.883	75.014	74.687
2014	-3.166	-2.531	-0.266	-0.212	-0.085	-0.068	-3.330	-3.025	112.116	101.830
2015	-2.383	-1.014	-0.171	-0.073	-0.058	-0.025	-3.205	-2.373	-1049.824	-777.420
2016	-0.360	1.689	-0.024	0.113	-0.009	0.036	-2.214	-0.747	27.472	9.266

（出所）　筆者推計。
（注）　_1 および _2 は，それぞれ 10 年前倒しシナリオ，20 年前倒しシナリオを示す。

ショックテストと同様に減少傾向が続くものの，その程度は比較的緩やかであることがわかる。20年前倒しシナリオでも同程度の減少傾向を示すが，GDP（および1人当たりGDP）や内需，需要圧力，物価水準などで最終年には増加に転じる結果となった。20年前倒しシナリオではより進んだ高齢化によって，相対的消費水準が正の値をとる高齢層の割合が増加することが要因にあると考えられる。

　表4-15および表4-16は，人口変動ショックと労働力人口の変化によって民間消費および生産の構造変化を加味した（1人当たり民間消費関数と潜在GDP関数の両方を再推定した係数群を用いてモデルを解いた）シミュレーション結果（ベースケースとの乖離度）を示している。また，表4-17および表4-18は先の人口変動ショックのみによる構造変化を加味したシミュレーション結果との差分をとって，労働力人口増の効果を示している。韓国モデルではまず，労働力人口の増加によって潜在GDPが上がることで需要圧力の低下が大幅に起こり，それに起因して物価水準の下落も続く。ここでも潜

表4-15　韓国モデルのシミュレーション結果④（人口変動ショック＋労働力の維持）

(%)

	GDP_3	GDP_4	GDP/POP_3	GDP/POP_4	CP_3	CP_4	CFP_3	CFP_4	M_3	M_4
2009	0.000	0.000	0.000	0.000	0.000	0.000	0.000	0.000	0.000	0.000
2010	6.103	12.635	1.164	5.428	7.330	14.565	13.007	27.836	3.117	6.359
2011	-0.898	-4.966	-5.056	-10.387	1.433	-1.419	-3.004	-12.117	1.588	1.476
2012	-1.001	-1.048	-4.906	-6.199	-0.070	-0.179	-2.749	-2.917	0.529	0.430
2013	-0.946	-1.238	-4.651	-5.916	-0.912	-1.407	-2.276	-2.914	-0.141	-0.359
2014	-1.303	-1.803	-4.608	-5.793	-2.067	-3.005	-2.741	-3.734	-0.771	-1.176
2015	-1.678	-2.522	-4.659	-5.877	-3.306	-4.996	-3.235	-4.830	-1.382	-2.088
2016	-1.949	-2.588	-4.662	-5.365	-4.378	-6.048	-3.515	-4.566	-1.927	-2.725

	DMP_3	DMP_4	PGDP_3	PGDP_4	CPI_3	CPI_4	TXV_3	TXV_4	BAL_3	BAL_4
2009	0.000	0.000	0.000	0.000	0.000	0.000	0.000	0.000	0.000	0.000
2010	-2.449	0.494	-0.084	0.017	-0.046	0.009	1.075	2.334	10.961	23.804
2011	-7.588	-13.618	-0.336	-0.440	-0.181	-0.237	0.525	0.580	4.837	5.349
2012	-6.676	-8.610	-0.516	-0.672	-0.278	-0.361	-0.012	-0.065	-0.112	-0.600
2013	-5.726	-7.382	-0.654	-0.850	-0.352	-0.457	-0.457	-0.645	-3.859	-5.450
2014	-4.883	-6.280	-0.762	-0.988	-0.410	-0.532	-0.912	-1.255	-9.527	-13.109
2015	-4.105	-5.379	-0.847	-1.099	-0.458	-0.594	-1.361	-1.903	-47.034	-65.777
2016	-3.367	-3.900	-0.906	-1.167	-0.490	-0.630	-1.778	-2.425	-121.327	-165.529

（出所）　筆者推計。
（注）　_3および_4は，それぞれ10年前倒しシナリオ，20年前倒しシナリオを示す。

表 4-16　台湾モデルのシミュレーション結果④（人口変動ショック＋労働力の維持）

(%)

	GDP_3	GDP_4	GDP/POP_3	GDP/POP_4	CP_3	CP_4	IPS_3	IPS_4	M_3	M_4
2009	0.000	0.000	0.000	0.000	0.000	0.000	0.000	0.000	0.000	0.000
2010	-0.665	-1.341	-2.550	-2.451	-1.256	-2.538	-1.471	-2.954	-0.470	-0.948
2011	-1.996	-2.428	-3.612	-3.036	-4.141	-5.287	-4.247	-5.048	-1.629	-2.154
2012	-2.892	-2.946	-4.117	-2.907	-6.614	-7.071	-5.854	-5.785	-2.795	-3.075
2013	-3.040	-2.715	-4.008	-2.130	-7.718	-7.307	-5.782	-4.911	-3.437	-3.339
2014	-3.013	-2.413	-3.667	-1.197	-8.345	-7.148	-5.362	-3.963	-3.716	-3.251
2015	-2.211	-0.881	-2.597	0.979	-7.205	-4.265	-3.286	-0.364	-3.285	-2.139
2016	-0.155	1.851	-0.267	4.436	-3.003	1.940	1.411	5.753	-1.651	0.288

	DMP_3	DMP_4	PGDP_3	PGDP_4	CPI_3	CPI_4	TXV_3	TXV_4	BAL_3	BAL_4
2009	0.000	0.000	0.000	0.000	0.000	0.000	0.000	0.000	0.000	0.000
2010	-5.739	-7.007	-0.570	-0.695	-0.193	-0.235	-0.843	-1.247	4.654	6.887
2011	-6.133	-7.093	-0.583	-0.674	-0.190	-0.220	-1.593	-2.046	12.340	15.848
2012	-6.144	-6.618	-0.548	-0.590	-0.177	-0.190	-2.410	-2.708	18.477	20.764
2013	-5.679	-5.648	-0.487	-0.485	-0.156	-0.156	-2.965	-2.992	76.809	77.511
2014	-4.929	-4.496	-0.413	-0.377	-0.134	-0.122	-3.290	-3.021	110.768	101.712
2015	-3.321	-2.146	-0.238	-0.154	-0.081	-0.053	-3.039	-2.249	-995.436	-736.543
2016	-0.797	1.222	-0.053	0.081	-0.020	0.024	-1.954	-0.527	24.257	6.535

（出所）　筆者推計。
（注）　_3 および _4 は，それぞれ 10 年前倒しシナリオ，20 年前倒しシナリオを示す。

表 4-17　韓国モデルにおける労働力人口増の効果②

	△GDP_1	△GDP_2	△GDP/POP_1	△GDP/POP_2	△CP_1	△CP_2	△CFP_1	△CFP_2	△M_1	△M_2
2009	0.000	0.000	0.000	0.000	0.000	0.000	0.000	0.000	0.000	0.000
2010	-0.247	-0.579	-0.236	-0.542	-0.285	-0.611	-0.545	-1.360	-0.124	-0.283
2011	-0.075	0.167	-0.072	0.158	-0.198	0.013	-0.105	0.411	-0.121	-0.087
2012	-0.099	-0.181	-0.095	-0.171	-0.255	-0.352	-0.151	-0.323	-0.132	-0.152
2013	-0.113	-0.117	-0.109	-0.111	-0.294	-0.318	-0.175	-0.170	-0.147	-0.162
2014	-0.112	-0.119	-0.108	-0.114	-0.308	-0.334	-0.163	-0.168	-0.155	-0.169
2015	-0.100	-0.103	-0.097	-0.099	-0.306	-0.324	-0.134	-0.131	-0.155	-0.165
2016	-0.096	-0.099	-0.094	-0.097	-0.305	-0.320	-0.124	-0.123	-0.152	-0.160

	△DMP_1	△DMP_2	△PGDP_1	△PGDP_2	△CPI_1	△CPI_2	△TXV_1	△TXV_2	△BAL_1	△BAL_2
2009	0.000	0.000	0.000	0.000	0.000	0.000	0.000	0.000	0.000	0.000
2010	-8.775	-12.667	-0.302	-0.435	-0.163	-0.236	-0.351	-0.545	-3.576	-5.555
2011	-6.728	-8.427	-0.519	-0.707	-0.281	-0.382	-0.581	-0.765	-5.353	-7.052
2012	-5.730	-7.674	-0.670	-0.908	-0.362	-0.491	-0.744	-0.996	-6.844	-9.169
2013	-4.848	-6.190	-0.783	-1.052	-0.424	-0.569	-0.871	-1.152	-7.355	-9.725
2014	-3.648	-4.531	-0.861	-1.147	-0.466	-0.622	-0.955	-1.251	-9.980	-13.069
2015	-2.493	-2.908	-0.910	-1.205	-0.495	-0.656	-1.006	-1.304	-34.757	-45.067
2016	-1.492	-1.378	-0.932	-1.222	-0.507	-0.665	-1.027	-1.317	-70.079	-89.867

（出所）　筆者推計。
（注）　(1)　_1 および _2 は，それぞれ 10 年前倒しシナリオ，20 年前倒しシナリオを示す。
　　　　(2)　それぞれの数値は，表 4-15 の各変数の数値－表 4-13 の各変数の数値を示す。

表 4-18　台湾モデルにおける労働力人口増の効果②

	△GDP_1	△GDP_2	△GDP/POP_1	△GDP/POP_2	△CP_1	△CP_2	△IPS_1	△IPS_2	△M_1	△M_2
2009	0.000	0.000	0.000	0.000	0.000	0.000	0.000	0.000	0.000	0.000
2010	0.063	0.059	0.062	0.059	0.119	0.113	0.139	0.13	0.045	0.042
2011	0.103	0.096	0.102	0.095	0.228	0.212	0.211	0.195	0.094	0.087
2012	0.14	0.128	0.139	0.128	0.332	0.304	0.274	0.25	0.142	0.13
2013	0.181	0.163	0.179	0.164	0.445	0.401	0.344	0.31	0.193	0.175
2014	0.22	0.193	0.218	0.196	0.568	0.502	0.407	0.359	0.243	0.217
2015	0.266	0.233	0.265	0.237	0.712	0.624	0.487	0.429	0.299	0.264
2016	0.325	0.282	0.325	0.289	0.907	0.787	0.604	0.528	0.368	0.321

	△DMP_1	△DMP_2	△PGDP_1	△PGDP_2	△CPI_1	△CPI_2	△TXV_1	△TXV_2	△BAL_1	△BAL_2
2009	0.000	0.000	0.000	0.000	0.000	0.000	0.000	0.000	0.000	0.000
2010	-5.013	-5.611	-0.498	-0.557	-0.168	-0.188	-0.47	-0.529	2.595	2.921
2011	-4.043	-4.583	-0.384	-0.436	-0.125	-0.142	-0.32	-0.373	2.479	2.892
2012	-3.135	-3.575	-0.279	-0.319	-0.09	-0.103	-0.176	-0.222	1.35	1.699
2013	-2.5	-2.822	-0.214	-0.242	-0.069	-0.078	-0.069	-0.109	1.795	2.824
2014	-1.763	-1.965	-0.148	-0.165	-0.048	-0.054	0.04	0.004	-1.348	-0.118
2015	-0.938	-1.132	-0.067	-0.081	-0.024	-0.028	0.166	0.125	54.388	40.876
2016	-0.437	-0.467	-0.029	-0.031	-0.011	-0.012	0.259	0.22	-3.215	-2.732

（出所）　筆者推計。
（注）　（1）　_1 および _2 は，それぞれ 10 年前倒しシナリオ，20 年前倒しシナリオを示す。
　　　　（2）　それぞれの数値は，表 4-16 の各変数の数値－表 4-14 の各変数の数値を示す。

在生産力の向上には内需項目および GDP 全体（1 人当たり GDP も含む）や税収を喚起させる効果はなく，むしろ人口変動ショックのみを仮定した場合の効果を若干下振れさせる。その結果，両シナリオにおいて財政収支は最終年には赤字に陥る。

　一方の台湾モデルにおいても，韓国モデルと同様に労働力人口の増加によって潜在 GDP が増大することで需要圧力の低下がさらに起こり，それによって物価水準のさらなる下落も引き起こされる。ただし，台湾モデルでは潜在生産力の向上は内需項目および GDP 全体（1 人当たり GDP も含む）に対して，人口変動ショックのみを仮定した場合の効果を若干押し上げている。税収をはじめ財政部門に対しては，人口変動ショックのみを仮定した場合と比較して，増減の効果が混在する結果となる（表 4-18）。

おわりに

　本章では，韓国と台湾の需要先決型マクロ計量モデルの概要やそれらの利用例を紹介した。また，1人当たり民間消費関数から推定されたパラメータを利用して，年齢別の相対的消費水準の考察も試みた。マクロ計量モデルのシミュレーション分析では，各国モデルに人口変動ショックや労働力率の変化を与えて，内需項目や国内価格，財政部門に及ぼす影響について検証を行った。シミュレーション分析では人口に関する外生変数の系列のみに変化を与えてモデルを解く，いわゆるショックテストとあわせて，1人当たり民間消費関数や供給関数を再推定して得られた新たな係数群を用いてモデルを解く，年齢別消費水準や生産体系の構造変化を加味したシミュレーションも行った。そして，両者のシミュレーション結果は異なることを確認した。

　本章で扱った韓国モデルと台湾モデルでは，とりわけ民間投資の挙動がやや不安定であったため，モデル自体の精度を上げていくことが必要であろう。また，需要決定型モデルであるがゆえに生産・供給側からのアプローチが不十分であることも課題として残った。とはいえ，現状のモデルを用いて行えるシミュレーションはその他にも多種多様にあり，例えば次章で扱うような財政部門の役割に着目して，政府消費や公共投資に変化を与えるシミュレーションも考えられる。様々なショックテストやシミュレーション実験を通じて，マクロ計量モデルの動作や安定性を確認していくことが重要であろう。

〔参考文献〕

＜日本語文献＞
植村仁一 2010.「PAIR モデルの現況について」野上裕生・植村仁一編『開発途上国のマクロ計量モデル——政策評価のためのマクロ計量モデル研究会』日本貿易振興機構アジア経済研究所.

植村仁一・石田正美・渡邉雄一 2018.「モデル分析用資本ストック系列の推定」植村仁一編『東アジアの計量モデル──その利用と応用』日本貿易振興機構アジア経済研究所.

大泉啓一郎 2007.『老いてゆくアジア──繁栄の構図が変わるとき』中央公論新社.

渡辺雄一 2012.「韓国の消費需要と人口変動のマクロ分析」野上裕生・植村仁一編『アジア長期経済成長のモデル分析（Ⅱ）』日本貿易振興機構アジア経済研究所.

───2013.「韓国・台湾の国内需要に関するマクロ計量モデル分析──貿易リンクシステムへの接続と人口変動の影響」野上裕生・植村仁一編『アジア長期経済成長のモデル分析（Ⅲ）』日本貿易振興機構アジア経済研究所.

───2014.「韓国・台湾の国内需要と人口変動のマクロ計量モデル分析」植村仁一編『アジア長期経済成長のモデル分析（Ⅳ）』日本貿易振興機構アジア経済研究所.

渡邉雄一 2016.「韓国・台湾のマクロ計量モデル分析」植村仁一編『アジア長期経済成長のモデル分析』日本貿易振興機構アジア経済研究所.

───2018.「東アジア先発途上国のモデル事情──韓国・台湾を中心に」植村仁一編『マクロ計量モデルの基礎と実際──東アジアを中心に』アジ研選書 No.47，日本貿易振興機構アジア経済研究所.

＜英語文献＞

Fair, Ray C. and K.M. Dominguez 1991. "Effects of the Changing U.S. Age Distribution on Macroeconomic Equations." *American Economic Review* 81(5)（December）: 1276-1294.

補　論

　本章で扱った韓国モデルと台湾モデルの構造方程式体系に基づく定式化は，以下に示される通りである。なお，ここで変数名の前に「d」および「dlog」とつくものは前期との階差（dlogは対数変換）を示し，変数名の後に（-1）がつくものは1期前のラグ項を表している。また，AR（1）は誤差項が1階の自己回帰過程に従うことを示している。各内生変数および外生変数の名称や定義に関しては，変数名の一覧を示した別添の表を参照されたい。

1.　韓国モデル

（定義式）

GDP = CP + CG + CF + J + (X − M) + DIS

CF = CFP + CFG

YD = GDP − TX

DMP = GDP / POGDP

TX = NTX_D + NTX_ID + NTX_OTH + RTX

TXV = TX * PGDP

REV = TXV + NONTXV

BAL = REV − EXPD

（構造方程式）

$\log(\text{CP/POP}) = f\,[\log(\text{YD/POP}), \log(\text{CPI/PGDP}), \text{Z1}, \text{Z2}, \text{D9809}]$

$\log(\text{CFP}) = f\,[\log(\text{GDP}), \log(\text{K}(-1)), \text{dlog}(\text{LOAN}(-1)/\text{PCFP}(-1)), \text{AR}(1)]$

$\log(\text{M}) = f\,[\log(\text{GDP}), \log(\text{PM}), \log(\text{M}(-1)), \text{D9809}]$

$\log(\text{K}) = f\,[\log(\text{CF}), \log(\text{K}(-1))]$

$\log(\text{POGDP/LFN}) = f\,[\log(\text{K/LFN}), \log(\text{POGDP}(-1)/\text{LFN}(-1))]$

$\text{PGDP} = f\,[\text{DMP}, d(\text{PM}), \text{PGDP}(-1)]$

$\text{CPI} = f\,[d(\text{PGDP}), d(\text{PM}), \text{CPI}(-1)]$

$\text{PM} = f\,[d(\text{EXR}), d(\text{POIL/EXR}), \text{PM}(-1)]$

$\log(\text{LOAN}) = f\,[\log(\text{M2}), \log(\text{LOAN}(-1)), \text{D98}]$

$\log(\text{NTX\_D}) = f\,[\log(\text{GDP}), \log(\text{NTX\_D}(-1))]$

$\log(\text{NTX\_ID}) = f\,[\log(\text{CP+CG}), \log(\text{NTX\_ID}(-1)), \text{D98}]$

内生変数		外生変数	
GDP	国内総生産（実質）bil. Won	CG	政府消費（実質）bil. Won
YD	可処分所得（実質）bil. Won	CFG	政府投資（実質）bil. Won
CP	民間消費（実質）bil. Won	J	在庫増減（実質）bil. Won
CF	総投資（実質）bil. Won	X	総輸出（実質）bil. Won
CFP	民間投資（実質）bil. Won	DIS	統計誤差（実質）bil. Won
M	総輸入（実質）bil. Won	PCFP	民間投資デフレーター（2010 年 =1）
POGDP	潜在 GDP（実質）bil. Won	EXR	為替レート（2010 年 =1）Won/$
K	総資本ストック（実質）bil. Won	POIL	国際原油価格（2010 年 =1）
DMP	需要圧力（Index）	M2	貨幣供給（名目）bil. Won
PGDP	GDP デフレーター（2010 年 =1）	NTX_OTH	その他国税収入（実質）bil. Won
CPI	消費者物価指数（2010 年 =1）	RTX	地方税収（実質）bil. Won
PM	輸入デフレーター（2010 年 =1）	NONTXV	非税収（名目）bil. Won
LOAN	銀行貸出（名目）bil. Won	EXPD	総歳出（名目）bil. Won
TX	総税収（実質）bil. Won	POP	人口総数（千人）
TXV	総税収（名目）bil. Won	LFN	労働力人口（千人）
NTX_D	直接税収入（実質）bil. Won	Z1	15 ～ 89 歳人口指標（1 次）
NTX_ID	間接税収入（実質）bil. Won	Z2	15 ～ 89 歳人口指標（2 次）
REV	総歳入（名目）bil. Won	Dxx	xx 年ダミー（xx 年 =1, その他 =0）
BAL	財政収支（名目）bil. Won		

（出所）　筆者作成。

2.　台湾モデル

（定義式）

$$GDP = CP + CG + I + J + X - M$$

$$I = IPS + IGG + IPE$$

$$YD = GDP - TX$$

$$DMP = GDP / POGDP$$

$$K = I + (1 - 0.05) * K(-1)$$

$$TX = TX\_D + TX\_ID$$

$$TXV = TX * PGDP$$

$$REV = TXV + NONTXV$$

$$BAL = REV - EXPD$$

（構造方程式）

$$\log(CP/POP) = f\left[\log(YD/POP), \log(CPI), Z1, Z2, \log(CP(-1)/POP(-1))\right]$$

$$\log(IPS) = f\left[\log(GDP), \log(K(-1)), \log(LOAN/PIPS), D09, AR(1)\right]$$

$$\log(M) = f\left[\log(GDP), \log(PM), \log(M(-1)), D0109\right]$$

$$\log(POGDP/LFN) = f\left[\log(K/LFN), \log(POGDP(-1)/LFN(-1))\right]$$

$$PGDP = f\left[DMP, PM\right]$$

$$CPI = f\left[d(PGDP), d(PM), CPI(-1)\right]$$

$$PM = f\left[d(EXR), d(POIL/EXR), PM(-1)\right]$$

$$\log(LOAN) = f\left[dlog(M2), \log(LOAN(-1))\right]$$

$$\log(TX\_D) = f\left[\log(GDP), \log(TX\_D(-1)), D09\right]$$

$$\log(TX\_ID) = f\left[\log(CP+CG), \log(TX\_ID(-1)), D01\right]$$

台湾モデルの変数名一覧

内生変数		外生変数	
GDP	国内総生産（実質）bil. NT$	CG	政府消費（実質）bil. NT$
YD	可処分所得（実質）bil. NT$	IGG	政府投資（実質）bil. NT$
CP	民間消費（実質）bil. NT$	IPE	公営企業投資（実質）bil. NT$
I	総投資（実質）bil. NT$	J	在庫増減（実質）bil. NT$
IPS	民間投資（実質）bil. NT$	X	総輸出（実質）bil. NT$
M	総輸入（実質）bil. NT$	PIPS	民間投資デフレーター（2011 年 =1)
POGDP	潜在 GDP（実質）bil. NT$	EXR	為替レート（2011 年 =1）NT$/$
K	総資本ストック（実質）bil. NT$	POIL	国際原油価格（2011 年 =1)
DMP	需要圧力（Index）	M2	貨幣供給（名目）bil. NT$
PGDP	GDP デフレーター（2011 年 =1)	NONTXV	非税収（名目）bil. NT$
CPI	消費者物価指数（2011 年 =1)	EXPD	総歳出（名目）bil. NT$
PM	輸入デフレーター（2011 年 =1)	POP	人口総数（千人）
LOAN	銀行貸出（名目）bil. NT$	LFN	労働力人口（千人）
TX	総税収（実質）bil. NT$	Z1	15 ～ 89 歳人口指標（1 次）
TXV	総税収（名目）bil. NT$	Z2	15 ～ 89 歳人口指標（2 次）
TX_D	直接税収入（実質）bil. NT$	Dxx	xx 年ダミー（xx 年 =1, その他 =0)
TX_ID	間接税収入（実質）bil. NT$		
REV	総歳入（名目）bil. NT$		
BAL	財政収支（名目）bil. NT$		

（出所）　筆者作成。

第5章

マクロ計量モデルによるシミュレーション分析
（マレーシア）

植 村 仁 一

はじめに

　本章では，マレーシアのマクロ計量モデルによるいくつかのシミュレーション例を紹介する。本節で使用するマレーシアモデルは需要先決型のモデルであり，民間消費や総輸入といった GDP 需要項目ブロックを骨組みとする基本的な形をしているが，以下の2点を分析するための工夫を加えてある。

1. 少子高齢化が進展する場合の民間消費への効果
2. 財政部門の役割（租税徴収と補助金・年金等の民間への付与の効果）

　前者については，Fair and Dominguez（1991）の方法に従った人口の年齢構成を取り入れた民間消費関数を推定し，はじめにその係数の解釈を通じてマレーシアの消費の特徴を見る。後述する通り，マレーシアの民間消費を年代別にみるとライフ・サイクル仮説（現役時に支出を控えて貯蓄し，引退後の消費に充てる）に合致する形状をしているため，単純に少子高齢化のシナリオを当てはめると，（より多く消費する高齢者のボリュームが増える仮定であるから）民間消費全体が上昇する。同時に人口も増加しているが，1人当たり消費でみても増大するという結果となる。

一般的に少子高齢化の効果について言及する場合，高齢者が増えることによる社会保障の充実といった問題もさることながら，若年層が減ることによる労働力人口の減少とそれに伴う生産力の低下もまた問題とされる。生産力の低下はそのまま GDP を引き下げる要因となり，消費や投資に悪影響を与える（はずである）。しかし上のように消費関数単体で見た場合には一見反対の効果として現れている。

　そこで，モデル総体で行うシミュレーションでは，少子高齢化と同時に労働力人口の減少もシナリオ化し，その総合的効果を見るということが要請される（実際それでも高齢者が増加することによる消費増の効果の方が大きいことも確認される）。

　後者については，社会保障のあり方としていかなる政策をとることが適切であるかを見るため，財政ブロックをモデルに組み込む。民間への補助金や年金の付与について，その財源をどう手当てするかにより経済全体に現れる影響は異なってくる。本章ではその財源を（1）借入等による，（2）公務員給与や国防費といった政府消費から付け替える，（3）インフラ整備等の公共投資から付け替える，の3点について，それぞれ同額を手当てした場合を比較する。

　なお，これら2つのシミュレーションには別々のモデルを用いるのではなく，人口の年齢構成を考慮した民間消費関数と財政ブロックの付加を両方とも組み込んだモデルを用いている。モデルの構造や各関数の定式化については本章末の補論を参照されたい。また，いずれのシミュレーション実験についてもシナリオの仮定はある程度現実のストーリーに従うものの，数値等はすべて「仮置き」のものであり詳細な検討をしているわけではなく，あくまでもモデルの稼働テストを兼ねたものであることを予め了承願いたい。

　本プロジェクトに引き続く事業では，詳細なシナリオの作成と，それに沿ったよりきめ細かな諸分析を行うことを予定している。

第 1 節　少子高齢化が進展する場合の民間消費への効果

　植村（2011），渡辺（2014）などではそれぞれ中国，ASEAN，韓国・台湾についての人口構成の高齢化を外生ショックとして与えた分析をしている。このうち，植村（2011）は中国を対象とし，中国と日本の年齢別人口構成の類似度を計測したうえで日本は中国よりも約 21 〜 22 年分高齢化が先行していると見るのが妥当と結論付け，日本の人口構成を外生ショックとして中国モデルに与えるという実験を行っている。一方渡辺（2014）は韓国・台湾を対象とし，日本の高齢社会突入時の人口構造を参考に，圧縮（前倒し）された少子高齢化と人口減少ショックを外生的に与えるため，人口構成を表す変数 Z1, Z2（後述）および全人口に操作を加えて分析を行っている。

　はじめに，マレーシアで少子高齢化が現在よりもさらに進展する場合の効果を測定する。経済の発展に伴い，マレーシアでもすでに他の先行国同様の少子高齢化が進みつつある。マレーシア統計局（Department of Statistics: DOS）によれば 15 歳未満の年少人口と 65 歳以上の高齢者人口の 1980 年から 2017 年までの実績及び将来推計は以下のようになっている（図 5-1）。

　この間，総人口は 1980 年の 1380 万人から 2017 年の 3200 万人へと増大しており，DOS の将来推計によれば 2020 年に 3380 万人，2030 年に 3800 万人，2040 年には 4150 万人へとこの 60 年間で人口が 3 倍近くに増えることが予測されている。

　年齢別の構成比率でみると，年少人口は 1980 年代から 2000 年代にかけてその比率が急激に低下しており，2020 年以降にはいったん底を打って横ばいになると推定されている。一方高齢人口はこの間徐々にではあるがその比率が上昇しており，2015 年以降の比率上昇が顕著になる。

　このような変化をマクロ計量モデルに取り入れるため，民間消費関数に上述のように人口の年齢構成を考慮する変数が導入されている。詳細は省略するが（植村（2011），野上（2012）などを参照）この方法は Fair and Dominguez（1991）

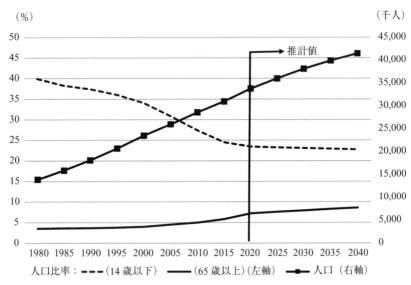

図 5-1　人口の将来推計と年少・高齢者比率

（％）　　　　　　　　　　　　　　　　　　　　　　　　　　　　（千人）

人口比率：-‑-‑-（14 歳以下）　――（65 歳以上）（左軸）　―■―人口（右軸）

（出所）　Department of Statistics の公的統計。

に従い，年齢別人口の消費性向を二次曲線（放物線）で捉えるものである。
単純に言えばこの結果として一国の年齢別消費性向を以下の 2 類型に分けら
れる。

（ⅰ）働き盛り世代では消費を抑え，リタイア後のたくわえとする
（ⅱ）働き盛り世代で消費が旺盛であり，リタイア後には低下する

　このうち前者は一般的な「ライフ・サイクル仮説」と合致するものである
が，そうかといって後者が現実味のないものというわけではなく，労働から
の引退後には現役世代に従属する社会，例えば三世代（以上）の世帯，すな
わち隠居した先代などとの同家計での生活が一般的である場合が想定され
る。このような社会の属性は日本での第二次大戦後の期間だけをみても大き
く変化しているように，国や時代の違いによっても変化する。

　これらを図示すると，以下のように横軸，縦軸がそれぞれ年齢階層及び年齢階層別（相対的）消費性向を表す平面上の「下に凸」「上に凸」の放物線の違いとして表される（図5-2）。

図 5-2　年齢階層別消費性向の 2 パターン

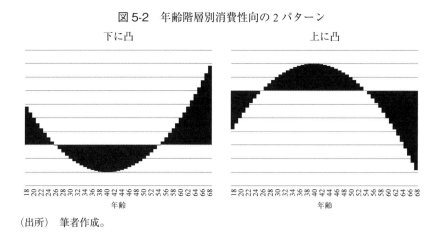

（出所）　筆者作成。

　この形状の違いは，民間消費関数に導入した人口の年齢構成を考慮する 2 つの変数（1 次の項と 2 次の項がある）のうち，2 次の項に推定される回帰係数の符号によって定まる。具体的には 2 次の項の回帰係数が正であれば下に凸，負であれば上に凸となる。

1-1.　民間消費関数の評価

　マレーシアの場合，この 2 次の項の係数が正の値として有意に推定されている。民間消費関数（1 人当たり）は以下のように定式化される。説明変数群のうち Z2 が上記の 2 次の項にあたり，その回帰係数が正の値であること，すなわち年齢階層別（相対的）消費性向が下に凸であることが確認できる。

CPPC = f[YD/POP, CPI, CPPC(-1), Z1, Z2, Dummies]

Var.	Coef.	t-Stat.
Const.	27.968*	2.74
YD/POP	0.263*	3.22
CPI	-10.132*	3.38
CPPC（-1)	0.810*	10.35
Z1	-3.838	1.05
Z2	0.996*	3.39
D86+D87	-0.356	1.49

（* 5%, ** 10% 有意水準）

R2-adj	0.9948
F-statistic	1171.2
DW	1.086

（変数リスト）CPPC：1人当たり民間消費，YD：民間可処分所得，POP：全人口，CPI：消費者物価指数，Z1, Z2：人口の年齢構成を表す指標

　可処分所得（YD）はGDPから政府税収を減じたものとして定義されている。人口の年齢構成を表す1次の項（Z1)の有意性に不満が残るものの，放物線の形状（上に凸，下に凸）を決めるZ2が有意に推定されており，所得や価格，慣性項などの係数の符号条件が理論と合致し，DWその他の統計量も良好なことから，この定式化を採用する。

　ここで推定された人口変数（Z1, Z2）の係数から各年齢層別の（相対的）消費性向を算出したものは図5-3のようになる。Z2の係数が正の値を取っていることから下に凸であり，その頂点は下から2～3番目の階層（20歳台）となっていることがみられる。

図 5-3　マレーシアの年齢階層別消費性向

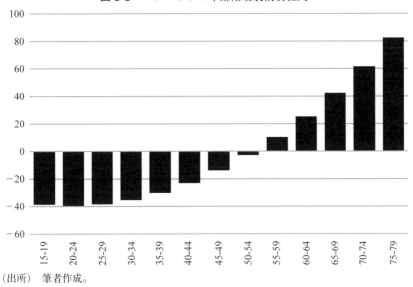

（出所）　筆者作成。

　ここから解釈できることは，現役世代でも若い世代ほど消費を抑えて引退後に備えた貯蓄にまわしており，55 歳付近を境に上昇に転じた後，引退後には消費がさらに旺盛になるという図式である。

1-2．少子高齢化のインパクト分析（消費関数単体による分析）

　マレーシア統計局は将来人口推計として，2020 年から 2040 年まで（5 年ごと）の年齢階層別人口を公表している。この情報を用いることにより，他の条件は不変のまま人口構造だけが 10 年分あるいは 20 年分先行した場合に民間消費に現れる影響を分析する。

　上で見た人口構造を表す変数（Z1 及び Z2）は，当該年の人口の年齢構成によってのみ規定される。分析期間は 2008 〜 2017 年の 10 年間とし，人口構造が 10 年先行した場合については 2018 〜 2027 年の年齢構成から推定された Z1，Z2 を代入し，何もショックを与えていないベースケースと比較する（20 年先行した場合も同様。なお，将来推計は 5 年ごとなので，2018，19 年と

2020 年以降の欠損値については補間推計した年齢構成から求めた Z1，Z2 を用いる）。年齢構成と同時に総人口も将来推計値を使用する。一方すべての場合について，可処分所得や価格等のその他変数は 2008 〜 2017 年の実績値を用い，被説明変数の 1 期ラグ項には前年の推定値（シミュレーション開始年の 2008 年については 2007 年の実績値）を用いる [1]。

　表 5-1 のように，人口の年齢構成が少子高齢化に傾く結果，旺盛に消費する高齢者世代が増大することから民間消費全体が増大するが，その間全人口も増大していることから，1 人当たりで見た消費額の伸びは抑えられる。高齢化が 20 年先行している例の最終年でみると，ベースケースに比べて民間消費全体では 2.7 倍となっているのに対し，1 人当たりでは 2.1 倍程度となる（表 5-1 及び図 5-4）。

表 5-1　少子高齢化による民間消費の変化

	民間消費（10 億リンギ）			1 人当たり（人口調整済み）(1,000 リンギ)		
	(base)	10 年前倒し	20 年前倒し	(base)	10 年前倒し	20 年前倒し
2007	339.3	339.3	339.3	12.78	12.78	12.78
2008	358.2	389.3	533.9	13.26	12.02	14.33
2009	371.3	465.2	705.4	13.52	14.06	18.73
2010	401.6	562.1	889.4	14.05	16.64	23.37
2011	421.3	645.9	1040.1	14.50	18.87	27.07
2012	446.9	733.2	1181.8	15.14	21.14	30.47
2013	476.1	830.6	1327.7	15.76	23.65	33.91
2014	506.3	925.0	1459.0	16.49	26.00	36.92
2015	542.2	1022.9	1586.7	17.38	28.40	39.79
2016	581.6	1122.2	1709.7	18.38	30.80	42.53
2017	623.1	1219.9	1825.9	19.44	33.12	45.05

（出所）　Ministry of Finance Malaysia, Department of Statistics.

---

1)　この変数の使い方はモデル全体でのテストでは「ファイナル・テスト」にあたる。ここでラグ項についてモデル内で決まる値でなく実績値を用いるのが「トータル・テスト」にあたる方法である。

図 5-4　1 人当たり民間消費　　（単位：1,000 リンギ）

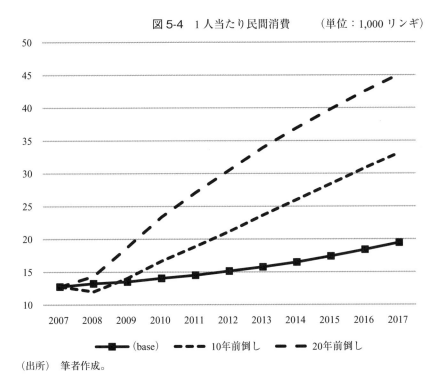

（出所）　筆者作成。

表 5-2　ベースケース及び高齢化進展の際の説明変数群

	(base)				10 年前倒し		
	人口	Z1	Z2		人口	Z1	Z2
2008	27.014	-2.1635	-30.0477	2008	32.384	-1.8831	-26.7353
2009	27.468	-2.1426	-29.8214	2009	33.083	-1.6607	-24.4015
2010	28.589	-2.1156	-29.5304	2010	33.782	-1.5940	-23.6488
2011	29.062	-2.0884	-29.1978	2011	34.230	-1.5288	-22.8343
2012	29.510	-2.0572	-28.8137	2012	34.678	-1.4655	-22.0433
2013	30.214	-2.0393	-28.6085	2013	35.127	-1.4040	-21.2750
2014	30.709	-2.0094	-28.2621	2014	35.575	-1.3442	-20.5283
2015	31.186	-1.9800	-27.9127	2015	36.023	-1.2861	-19.8024
2016	31.634	-1.9505	-27.5467	2016	36.431	-1.2361	-19.1131
2017	32.050	-1.9187	-27.1638	2017	36.839	-1.1875	-18.4421

（出所）　Department of Statistics の公的統計より算出。

もとの人口の年齢構成と，それが10年前倒しになる場合との説明変数の値を比較してみよう（表5-2）。ここでは両者で変化しないもの（可処分所得，価格指数など）は除いている。表の右側については人口の将来推計値（2018～2027年）及びその情報から算出したZ_1，Z_2が掲載されている，ということである。

この表から，少子高齢化の進展により人口の構成を示す変数Z_1とZ_2の値が大きく（負の数なので絶対値では小さく）なり，同時に人口全体も増大していることがみられる。

YD/POP	0.263*	3.22
CPI	-10.132*	3.38
CPPC(-1)	0.810*	10.35
Z1	-3.838	1.05
Z2	0.996*	3.39

Z_1とZ_2を比較してみると，前者の増分が2008年で0.28（-2.16 → -1.88），2017年で0.73程度，全体の平均でも0.6程度であるのに対し，Z_2は同じく2008年に3.31（-30.0 → -26.7），平均でも6.8程度と増大の幅が大きい。ところでもとの回帰係数を見てみると，1次の項Z_1の係数は-3.838，2次の項Z_2のそれは0.996となっている。したがって，Z_1とZ_2を併せた変化は（-3.838 × 0.6 + 0.996 × 6.8）全体で4.47と正の値となる。

2017年を例にとると，この値は5.88となり，同年のベースケースでの1人当たり民間消費（19.69）と比べて30%程度の上乗せ規模である。一方同じ2017年での人口は10年分前倒し（32050 → 36839）では14%程度の人口増に過ぎず，結果として1人当たり民間消費は上昇する結果となる。

しかし，一般に少子高齢化の影響については，短期的にはこのような「多く消費する世代が増えるために全体に好影響を与える」という見方がある一方で，中長期的には若年層の減少からくる労働力人口の減少とそれに伴う生

産力の低下が問題とされなくてはならない。このように，消費関数単体で見た場合にはそうした効果を直接的に取り入れることができないため，短期的な効果の方のみに焦点があてられた結果となっているといえよう。

1-3. マクロ計量モデル全体としての評価

つぎに，上の消費関数を組み込んだマクロ計量モデル全体としての評価を行う。この関数は国民1人当たりでの推定であるから，各年の年央人口（外生変数）を掛けることにより国全体の民間消費が定まる。これと民間投資（内生），政府部門（外生），輸出（外生），輸入（内生）などとによりGDPが定まる。

消費関数の定式化で見た通り，その説明変数に所得項として可処分所得を導入しているが，その定義は以下のようにしている。

可処分所得 ＝ GDP － 政府税収

ここで，政府税収は直接税と間接税の和として定義されるが，それらも内生化されており，直接税収はGDPの，間接税収は民間消費の関数として定式化されている。主説明変数の係数には正の符号が期待され，実際有意に推定されている。

GREV_TXD = f[GDP, GREV_TXD(-1)]
GREV_TXID = f[CP, GREV_TXID(-1)]

（変数リスト）GREV_TXD：直接税収，GREV_TXID：間接税収（いずれもGDPデフレータで実質化），GDP：国内総生産，CP：民間消費

（回帰式：直接税収）

GREV_TXD = f[GDP, GREV_TXD(-1), D01]

Var.	Coef.	t-Stat.
Const.	0.7840	0.54
GDP	0.0233	1.72
GREV_TXD(-1)	0.7799	6.03
D01	16.290	3.06

R2-adj	0.9790
F-statistic	620.20
DW	1.491

（回帰式：間接税収）

GREV_TXID = f[CP, GREV_TXID(-1)]

Var.	Coef.	t-Stat.
Const.	2.8948	0.72
CP	0.0187	1.80
GREV_TXID(-1)	0.7449	3.86

R2-adj	0.8101
F-statistic	39.40
DW	1.679

　GDPや消費の増減に対して直接税・間接税とも同方向に変化することから，税収は可処分所得に対して逆方向に働き，消費関数が（ひいてはモデル全体も）発散することへのブレーキとなる構造となっている。

1-4. 少子高齢化のインパクト分析（モデル全体として）

　先に民間消費単体でみた少子高齢化の，マレーシア経済全体に与える影響を今度はモデル全体として測定する。外生ショックの度合いは単体でみたときと同じ人口構造だけが 10 年分あるいは 20 年分先行する場合とする[2]。また，単体でみたときには 1 人当たり民間消費から元の人口と将来人口の比率を用いて新たな 1 人当たり消費を求めたが，モデル全体としてみる場合には人口構成をショックとして与える際に同時に将来人口も与えておく（図5-5）。

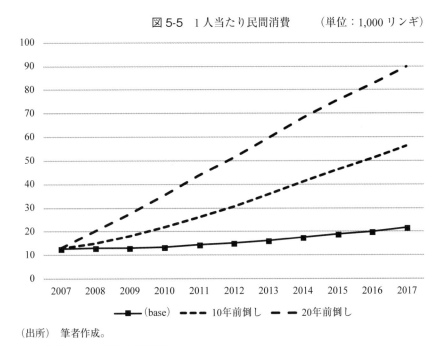

図 5-5　1 人当たり民間消費　　　（単位：1,000 リンギ）

（出所）　筆者作成。

2）　ここでは，Z1, Z2 を含めオリジナルのデータから推定された係数群を用い，Z1, Z2 だけを何年分かずらす，というショックテストを行っているが，別のやり方としては第 4 章（渡邉）が試行しているように，Z1, Z2 のみ（第 4 章の場合はそれに加えて総人口も）を何年分かずらし，それ以外のデータは元のままで新たな消費関数を推定し，得られた係数同士を比較する，といったことも考えられる。ショックテストというよりは，人口構造だけが変化した場合の消費性向の違いを比較することになる。

民間消費関数単体のときとは違い，モデル全体として何もショックを与えていない場合をベースケースとしているため，比較対象が若干変わっているものの，単体でみたときよりもさらに激しく上方に乖離しているのがみられる。上で考察したとおり，年齢構成の変化による Z1, Z2 の増大に比べて総人口増が緩やかである（すなわちデータそのものの構造に起因するものである）ため，このような結果は当然であるといえよう。ただし，モデル全体で評価する場合には，単体での時にはできないその他の変数（GDP や投資，価格変数等)への影響も同時に計測することができる。たとえば 1 人当たり GDP（名目・2010 年米ドル基準）の動きは以下のように消費の伸長と相まって GDP も増大している（図 5-6）。

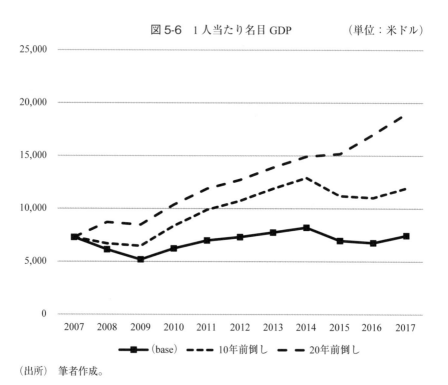

図 5-6　1 人当たり名目 GDP　　　　　（単位：米ドル）

（出所）　筆者作成。

　このように人口構成が少子高齢化に傾くとき，高齢者の旺盛な消費に支えられる形でマレーシア経済は全体的に上振れするという結果になる。しかし繰り返し述べているように，少子化による労働力人口の減少は中長期的な生産力を低下させ，それは経済には悪影響として現れる。そこで，年齢構成を10年前倒しした場合について，高齢化ショックと同時に労働力人口の減少をモデルに与えた場合をみる。

　与えるショックとしては15〜29歳の年齢層を若年層と定義し，DOSの年齢層別人口の将来推計からその人口の推移を参考に労働力人口全体から差分の人口を除くという方法をとる（本来は同時に労働参加率も考慮すべきであろうが，ここでは単純化のため若年層人口減を労働力の減少とそのまま読み替える）。

　若年層人口は10年前倒しすることによってベースケースから以下の規模の乖離が生じる。表 5-3 にあるとおり，最初の2年についてはむしろ若年層は増加するが，その後減少に転じ，その規模は拡大していく。最終年（120万人減）でみると，ベースケースの労働力人口（1445万人）の8.3%に相当する減少分となる。

表 5-3　若年層の人口増減（10 年前倒し時）

（単位：千人）

年	増減
2018	1239
2019	133
2020	-144
2021	-350
2022	-512
2023	-790
2024	-943
2025	-1092
2026	-1164
2027	-1205

（出所）　筆者作成。

シミュレーションでは外生ショックとしてこの値を労働力人口に加える。上で見た1人当たり民間消費（高齢化が10年先行のケース）を同スケールで図示すると図5-7のようになる。

図5-7　1人当たり民間消費（労働力人口，総人口の変化も加味）
（単位：1,000リンギ）

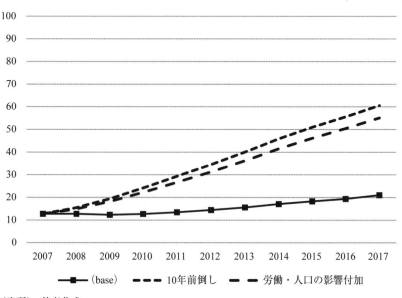

（出所）　筆者作成。

　労働力人口の減少によって潜在生産（潜在GDP）が低下する一方で消費の増大も起こることから需要圧力が増大し，物価上昇を招いている。その結果として需要にブレーキがかけられることとなり，先のケースよりも低い経路を進む結果となっている。実際，潜在GDPは労働力減少の影響のない場合には10年目（シミュレーション10期目）でベースケースよりも2%程度高くなっていたのに対し，労働力減少を加味したケースでは同8%程度低くなり，これが需要圧力上昇→一般物価上昇→諸物価への波及，という形で経済を下振れさせる影響を及ぼしている。しかしその効果は軽微なものであり，1人

当たり民間消費そのものが下降するというほどの悪影響はこのモデルからは
導かれない。

　このようにシミュレーション結果をみると，このモデルでは労働力人口減
少が潜在成長力に与える負の影響を十分に表現できているとは言えず，高齢
者の増加による消費増の影響の方が全体的に強く表れてしまっていることが
わかる。そして，この方向からのアプローチの限界も垣間見えてくる。

　こうしたことから，中長期（とくに長期から超長期）の分析にはやはり，
生産・供給側からのアプローチ，すなわち供給型モデルによる分析がより適
切であろうという示唆も導き出されるのである。（第1節完）

第2節　財政部門の役割
（租税徴収と補助金・年金等の民間への付与の効果）

　つぎに，同じモデルを用いて租税徴収及び補助金等の効果を測定する。こ
こでは民間消費への補助金付与の効果を見るため，上で定義した民間可処分
所得を若干変更する。

可処分所得 = GDP　 −　 政府税収　 +　 補助金ダミー

第3項の補助金ダミーはベースケースでは各年について0となっている（し
たがって特に言及していないが，前半の高齢化シミュレーションの際にも取り外
すことなく運用していた）。

　はじめに，マレーシアの財政統計（連邦政府）を概観しておく（表5-4〜
5-7）。なお，ここで行うシミュレーションに直接関係しない項目については
すべて「その他」項目に合算している。表5-4に掲げた統計は連邦政府歳
入（Federal Government Revenue）及び同一般歳出（Operating Expenditure）に分
類されるものであり，これらの差額がいわゆる一般会計黒字・赤字として計

表 5-4　マレーシア連邦政府の歳出入　　　　　（単位：100 万リンギ）

	歳入	租税収入			その他
			直接税	間接税	
1990	29,521	21,244	10,402	10,842	8,277
1995	50,954	41,671	22,699	18,972	9,283
2000	61,864	47,173	29,156	18,017	14,691
2005	106,304	80,594	53,543	27,051	25,710
2010	159,653	109,515	79,009	30,507	50,138
2015	219,089	165,441	111,770	53,670	53,648
2017	220,406	177,658	116,024	61,634	42,748
	歳出	公務員給与	年金・退職金	補助金	その他
1990	25,026	7,966	1,154	494	15,412
1995	36,573	11,434	2,755	612	21,772
2000	56,547	16,357	4,187	4,824	31,179
2005	97,744	25,587	6,809	13,387	51,961
2010	151,633	46,663	11,515	23,106	70,349
2015	216,998	70,050	18,872	27,269	100,806
2017	217,695	77,036	22,800	22,354	95,505

（出所）　Bank Negara Malaysia（BNM：マレーシア中銀）の公的統計より筆者作成。

表 5-5　政府開発支出　　　　　（単位：100 万リンギ）

	総額*	国防	経済サービス	社会サービス	一般公務
1990	7,932	1,061	6,701	2,617	310
1995	12,520	2,888	6,440	3,513	1,210
2000	25,032	2,332	11,639	11,076	2,894
2005	27,284	4,803	14,957	7,450	3,325
2010	51,296	3,970	26,121	20,784	1,917
2015	39,285	4,754	23,286	11,161	1,567
2017	43,032	5,334	24,186	12,425	2,940

（出所）　Bank Negara Malaysia（BNM：マレーシア中銀）の公的統計より筆者作成。
（注）　*借入返済分を除いた純額。

表 5-6　借入及び資産売却　（単位：100 万リンギ）

	総額	国内純借入	海外純借入	資産売却
1990	3,437	3,793	-767	411
1995	-1,861	0	-1,635	-226
2000	19,714	12,714	864	6,136
2005	18,724	12,700	-3,503	9,527
2010	43,244	36,456	3,664	3,125
2015	37,194	38,931	727	-2,464
2017	40,321	40,750	-342	-87

（出所）　Bank Negara Malaysia（BNM：マレーシア中銀）の公的統計より筆者作成。

表 5-7　連邦政府の財源とその使用　（単位：100 万リンギ）

	財源				使用		
	合計	歳入	借入	資産売却	合計	歳出	純開発支出
1990	32,958	29,521	3,026	411	32,958	25,026	7,932
1995	49,093	50,954	-1,635	-226	49,093	36,573	12,520
2000	81,578	61,864	13,578	6,136	81,579	56,547	25,032
2005	125,028	106,304	9,197	9,527	125,028	97,744	27,284
2010	202,897	159,653	40,120	3,125	202,928	151,633	51,296
2015	256,283	219,089	39,658	-2,464	256,283	216,998	39,285
2017	260,727	220,406	40,408	-87	260,727	217,695	43,032

（出所）　Bank Negara Malaysia（BNM：マレーシア中銀）の公的統計より筆者作成。

上されている。

　連邦政府はまた，国防，農村開発等を含む経済サービス，教育・医療等を含む社会サービスを政府開発支出として計上している。

　直近の 2017 年で見ると，一般会計部分にあたる歳入および歳出はそれぞれ 2200 億リンギ程度で若干の黒字会計である。支出を見ると開発支出分がさらに 150 億リンギほど上乗せされるが，大部分が国内・海外からの借り入れと資産売却等により手当されている。

　なお，ここで見てきた一般歳出部分と開発支出部分は，国民経済計算の政府消費及び公共投資にそのまま当たるわけではないが租税収入等の歳入とこ

れら借入れの総額が一般歳出と開発投資支出に（ほぼ）充当されている。政府開発支出でも国防，一般公務，社会サービスのうち教育，医療などは政府消費に分類される項目であるのに対し，農村開発，農業・工業支援といった経済サービスや，社会サービスのうち住宅供給関連などは公共投資に分類される項目である。

　財政統計は上記のように歳入と借入れの合計が，歳出及び借入れ分への返済を除いた純開発支出の合計として合致する。

　財政統計と国民経済計算統計（名目）を比較すると以下のようになる（表5-8）。合計額でみると0〜1割内外の乖離がみられる。

表5-8　財政統計と国民経済計算統計（単位：100万リンギ）

	財政統計			国民経済計算		
	合計	歳出	純開発支出	合計	政府消費	公共投資
1990	32,958	25,026	7,932	29,709	16,426	13,283
1995	49,093	36,573	12,520	55,070	27,527	27,543
2000	81,579	56,547	25,032	79,303	35,676	43,627
2005	125,028	97,744	27,284	117,376	62,368	55,008
2010	202,928	151,633	51,296	186,347	103,346	83,001
2015	256,283	216,998	39,285	256,398	152,338	104,060
2017	260,727	217,695	43,032	272,066	164,671	107,395

（出所）　Bank Negara Malaysia（BNM：マレーシア中銀）の公的統計より筆者作成。

2-1. 補助金・年金等所得移転の効果分析

　上で見た財政統計（歳出）には，公務員給与，年金，補助金といった項目が記載されている。これら項目のうち，公務員給与及び年金関連は国民経済計算でいえば政府消費に分類されるものであるが，補助金については消費・投資両面の性格を持つといえる。例えば，家計部門に直接支給する現金・クーポン（日本でもひと昔前に実施された「地域振興券」などを想起されたい）は政府消費から家計消費への所得移転であるのに対し，企業部門への投資支援であれば政府消費から民間投資への移転と捉えられる。ただし，いずれの場合

にしても政府消費を通じて民間部門に移転される経路が想定されている。

　一方，そのための原資をどこから手当てするか，という問題が別に存在する。限られた財政からこのような民間部門への移転を捻出することをモデル内で表現するには，単純に考えて以下の 3 通りが想定される（実際の運用についてはこれらが混在することも考えられるし，現時点でマレーシア当局がこのような政策を明示的に実施しているわけではないので，あくまでもモデル分析のための実験的シナリオである）。

（1）借入等を通じて「直近の痛み」を回避
（2）本来の意味の「移転」，ただし政府消費部門から捻出
（3）同様に，公共投資部門から捻出

　これら 3 つのパターンについて各変数に現れる効果を比較する。民間消費部門の可処分所得を決めるための「補助金ダミー」には GDP の 1％規模（ベースケースでの）をシミュレーション期間の 10 年間にわたり付与する。

　（1）借入等を通じて「直近の痛み」を回避するケース
　このケースでは，補助金ダミーに与える外生的ショックに該当する部分を政府消費，公共投資から減じることをせず，（特に海外からの）資金を充当すると仮定する。したがって経済全体は短期的に「純増」となるケースである（当然中長期的にはその還付の問題も出てくるが現時点では考慮しない）。モデル内では，「補助金ダミー」に上記の GDP の 1％分を付与する。したがって民間消費関数の説明変数である可処分所得が上乗せされる。この資金は政府消費を通じて支出されることから，政府消費が同額上昇する。関連する変数に与える初期ショックは以下のようになる。

可処分所得　←　GDP　−　政府税収　+　補助金ダミー(GDP の 1％分)
政府消費　←　政府消費　+　補助金(GDP の 1％分)

(2) 本来の意味の「移転」，ただし政府消費部門から捻出

ここでは，家計部門への補助金・年金の原資として，例えば公務員給与を減じることにより手当てすることを想定する。可処分所得は上と同じであるが，政府消費を補助金ダミーと同額だけ減じ（公務員給与の減少），その分を補助金項目に付け替える。

可処分所得 ← GDP － 政府税収 ＋ 補助金ダミー（GDP の 1％分）

政府消費 ← 政府消費 － 公務員給与（GDP の 1％分） ＋ 補助金（GDP の 1％分）

(3) 同様に，公共投資部門から捻出

次に，同額の原資を政府消費からでなく公共投資から捻出する場合を想定する。この場合，可処分所得は上と同じであるが，公共投資割り当て分から補助金ダミーと同額を減じ（インフラ投資等の減少），その分を政府消費の補助金項目に付け替える。

可処分所得 ← GDP － 政府税収 ＋ 補助金ダミー（GDP の 1％分）

公共投資 ← 公共投資 － （GDP の 1％分）

政府消費 ← 政府消費 ＋ 補助金（GDP の 1％分）

この操作により，(1) については GDP 定義式（需要項目の足しあげ）において純増になる一方，(2) と (3) については単なる予算の付け替えとなるので定義式上の GDP は変化しないこととなる。

さらなる比較として，(1) と同額の GDP 上昇を定義式上で与えるショックとして，在庫増もしくは輸出増を考える（現モデルではいずれも他の関数の説明変数となっていないため，モデル内ではどちらを変化させても GDP への定義式上の直接的な変動しかもたらさない）。当然政府消費や公共投資への波及的ショックもない。

（4）輸出の GDP1％分増大

可処分所得　←　GDP　−　政府税収

輸出　←　輸出　＋　（GDP の 1％分）

（1）と（4）の違いは，GDP への一次的な影響は同じであるが，（4）では
それが家計部門の可処分所得への直接の働きかけがない，という点である。
各変数に与えられる初期ショックをまとめると表 5-9 のようになる。

表 5-9　各変数への一次的ショックまとめ

	可処分所得	政府消費	公共投資	GDP
（1）	＋	＋	0	＋
（2）	＋	0	0	0
（3）	＋	＋	−	0
（4）	0	0	0	＋

（出所）　筆者作成。

2-2.　シミュレーション結果の概要

はじめに GDP の動きを見ておこう。ベースケースからの乖離を表した図
5-8 のグラフからわかるように，輸出を増大させたケース（4）において正
の影響が一番大きく，順に（1），（2），（3）と影響が小さくなっている。

　ケース（1）と（2）の比較では前者が政府消費の純増（借入れで手当て）
しているのに対し後者は政府消費からの持ち出しとなっているため（1）の
方がプラスの影響が大きく，ケース（2）と（3）の比較では後者の公共投資
減少の影響がマイナスにより大きく働いている，と解釈できる。

　次に民間消費（1 人当たり）の動向をみると，これも同じく（4），（1），（2），
（3）の順となっており，GDP を単純に増大させたケース（4）の方が可処分
所得にも同時に正のショックを与えた（1）のケースよりもプラスの影響が
大きいことがみられる（図 5-9）。その差はベースケースからの乖離でみて 0.2
ポイント程度と微小ではあるが，可処分所得に補助金の形で付与している方

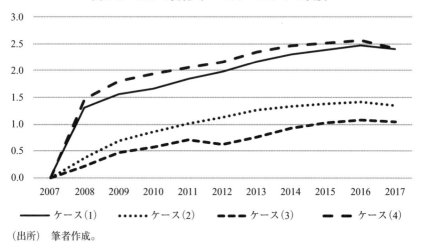

図5-8　GDP の変化（ベースケースからの乖離）

（出所）　筆者作成。

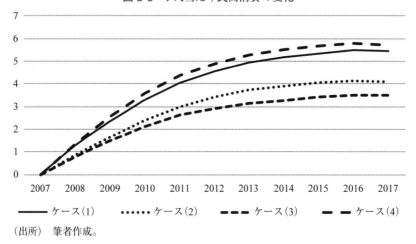

図5-9　1人当たり民間消費の変化

（出所）　筆者作成。

がモデル全体でみると低い影響として現れている。

　これは GDP や民間消費増大の結果として生じる政府税収の増大で説明できる。外生ショックとして GDP（の構成要素である政府消費や輸出）が増大するとき，それは先にみた直接税収関数（GDP 増大により増大），間接税収関数（民間消費増大により増大）を通じて政府税収を増大させる。一方で補助金の家計部門への付与を行っているものの，その総体としてはマイナスとして働くことになる。現在のモデルでより詳細にみると，ケース（4）では GDP の単純増大により直接税収の増大がもたらされるだけであるのに対し，ケース（1）では政府消費の増大を通じて同時に間接税収も増大し，結果として民間可処分所得への負の影響が出るということになる（ケース（4）では直接は生じない）。ここでは特に間接税収の動きを図示しておく（図 5-10, 5-11）。

　ケース（1）では最終年でみた間接税収がベースケースから 4.5 ポイント弱上昇するのに対し，GDP を単純に増やしたケース（4）では 3.5 ポイント弱程度となっている。税収全体でもケース（1）の方が若干上回っており，これが可処分所得に負の影響を与える結果, ケース（1）の消費がケース（4）のそれを下回る。

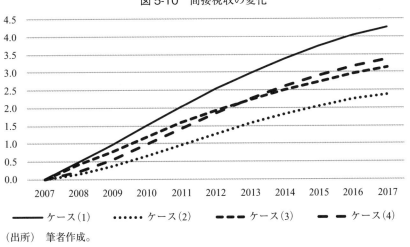

図 5-10　間接税収の変化

（出所）　筆者作成。

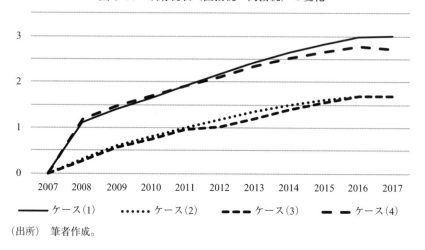

図 5-11　政府税収（直接税＋間接税）の変化

ケース（1）　　・・・・・・ ケース（2）　　－－－ ケース（3）　　－ － ケース（4）

（出所）　筆者作成。

　次に，ケース（2）と（3）の比較で特徴的な動きをする変数を選択してその変化を見ておく。これらのケースの差異は，補助金の原資を（2）政府消費から捻出，（3）公共投資から捻出，という点にある。

　上の図で見た GDP も民間消費も，ケース（2）よりもケース（3）の方が下回っている。簡単に言えば，民間消費を活発化させるためには，インフラ投資等の公共投資を減じて充当するよりも，政府消費を減じる方が経済全体にはより望ましい影響がある，といえよう。

　図5-12 は公共投資の変化を見たものである。ケース（3）以外はすべてベースケースから乖離していないが，ケース（3）では（そういうショックを与えているのだから当然であるが）大幅に低下してしまうのがみられる。

　これにより，民間も合わせた投資全体も変化している（図5-13）が，民間投資の方は GDP などその他内生変数からの影響も受けているため，このような単純な構図にはならない。

　本モデルでは公共投資の民間部門へのスピルオーバーの道筋は考慮されていないため，これら外生ショックの民間投資自体への直接的な影響は GDP を通じた経路のみである。間接的には投資増減による資本ストック増加率の

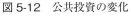

図 5-12　公共投資の変化

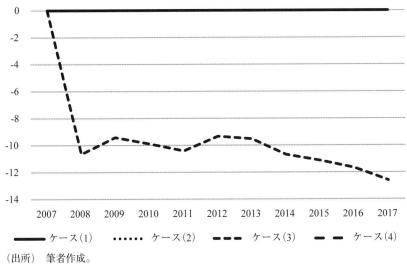

（出所）　筆者作成。

図 5-13　投資全体の変化

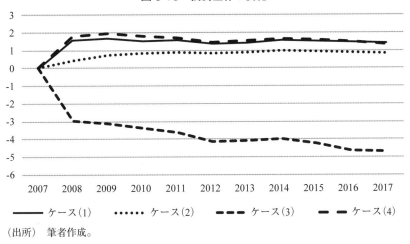

（出所）　筆者作成。

変化を通じて潜在成長力が変化し，需要とのバランスで価格が変動する，という経路も存在するが，その効果は軽微なものである。

　潜在 GDP は図 5-14 のように変化しており，ただ 1 つケース（3）では直接的な公共投資の減少の影響によって悪影響を受けていることがわかる。一方それ以外のケースでは若干なりとも正の影響を受けており，ケース（4）の輸出増大のような外的条件によるものを除けば，純増あるいは付け替えにしても政府消費からの民間部門への補助金（や年金）の付与といった需要喚起策は有効であるといえるが，そのために投資を冷え込ませる資金調達は得策ではないといえよう。（第 2 節完）

図 5-14　潜在 GDP の変化

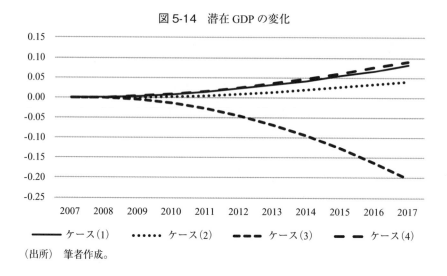

（出所）　筆者作成。

　おわりに

　本章では，マレーシアを例としていくつかのシミュレーション実験を行い，モデルの挙動を確認した。ここで行ったシミュレーションの数々はあくまでも実験段階であり，得られた数値そのものが信頼に足るものではまったくな

いといってもいいくらいのものであるが，複数の異なる外生ショックを与え
た場合に各変数が向かう「方向」については納得のいくものであると思われ
る。こうした実験を通じ，モデル自体の精度を上げていくことも必要である
し，実験を行ったために気づくモデルの過不足（とくに不足）が見えてくる
ことも多々ある。

　今回の実験では「民間消費」に焦点を当てたものに集中したが，その過程
でとくに最後の方に出てきた公共投資と民間投資のスピルオーバー関係の導
入などは次につなげていきたいものであり，道具としてのモデルをさらに磨
き上げていく必要を痛感するのである。

〔参考文献〕

＜日本語文献＞
植村仁一 2011.「アジア長期需要成長と人口要因——中国の事例」野上裕生・植村
　　　仁一編『アジア長期経済成長のモデル分析（Ⅰ）』日本貿易振興機構アジア
　　　経済研究所.
野上裕生 2012.「アジアの国内需要と人口変動の計量モデル分析」野上裕生・植村
　　　仁一編『アジア長期経済成長のモデル分析（Ⅱ）』日本貿易振興機構アジア
　　　経済研究所.
渡辺雄一 2014.「韓国・台湾の国内需要と人口変動のマクロ計量モデル分析」植村
　　　仁一編『アジア長期経済成長のモデル分析（Ⅳ）』日本貿易振興機構アジア
　　　経済研究所.

＜英語文献＞
Fair, Ray C. and Kathryn M. E. Dominguez 1991. "Effects of the Changing U.S. Age
　　　Distribution on Macroeconomic Equations." *American Economic Review* 81(5)
　　　(December)：1276-1294.

補論 ──モデルの構造──

初めに，使用モデルの構造を概観する。前述の通りこのモデルは需要先決型となっており，一方で民間・公共投資によって積み上がる資本ストックと労働力人口で供給側ととらえられる潜在 GDP が決定されることで需給ギャップと物価変数が変動する構造である。

1. 国民経済計算ブロック

実質 GDP は需要項目の合計として定義される。名目 GDP はこれと GDP デフレータとの積で定義される。項目別には民間消費(1人当たり)，民間投資，総輸入の各関数がそれぞれ推定される。

1人当たり民間消費関数は1人当たり実質可処分所得及び物価で説明されるオーソドックスな定式化を選んでいる。なお，同関数には人口の年齢構成を反映させるための変数（Z1，Z2）が導入されている。

民間投資関数は資本ストック調整原理に基づく単純な定式化とし，金利等のコスト変数は導入していない（特に途上国では金利が投資の説明要因として有意でないことが多いことも理由のひとつである）。

輸入関数は所得，価格及び慣性効果で説明される。

$$GDP = CP + CG + IP + IG + J + (X - M) + DIS$$
$$GDPV = GDP * PGDP$$
$$CPPC = f[YD, CPI, CPPC(-1), Z1, Z2, Dummies]$$
$$CP = CPPC * POP$$
$$YD = (GDPV - GREV\_TXV + DUM\_SUBV) / PCP$$
$$IP = f[GDP, PK(-1), TLV/PGDP, Dummies]$$
$$M = f[GDP, PM/PGDP, M(-1), Dummies]$$

（変数リスト）CP：民間消費，CG：政府消費，IP：民間投資，IG：公共投資，J：在庫増減，X：総輸出，M：総輸入，DIS：統計上の不突合（以上実質），GDPV：名目 GDP，CPPC：1 人当たり民間消費，CPI：消費者物価，Z1，Z2：人口構成を表す変数，POP：人口，YD：実質可処分所得，GREV_TXV：連邦政府税収（名目），DUM_SUBV：実験用補助金ダミー，TLV：銀行総貸出（名目），PGDP：GDP デフレータ，PCP：民間消費デフレータ，PM：輸入デフレータ。

　民間投資の累積として民間資本ストックを定義する。一方公共投資は外生変数であるが，その累積として政府資本ストックも定義されている。資本減耗率は民間部門で 5%，公共部門で 3% と見積もっている。

$$PK = (1 - 0.05) * PK(-1) + IP(-1)$$
$$GK = (1 - 0.03) * GK(-1) + IG(-1)$$
$$K = PK + GK$$

　潜在 GDP は上で定義される総資本（K）と労働力人口でコブ＝ダグラス型生産関数を仮定した定式化であるが，両辺とも労働力人口で除した 1 人当たり変数同士の関係として推定する。すなわち資本と労働の代替性が 1 であるという制約を置く。左辺の潜在 GDP は実質 GDP をタイムトレンドで指数回帰した理論値として定義されている。GDP と潜在 GDP との比で需要圧力が定義される。

$$POGDPPC = f[K/LFN, POGDPPC(-1), Dummies]$$
$$POGDP = POGDPPC * LFN$$
$$DMP = GDP/POGDP$$

（変数リスト）PK：民間資本ストック，GK：政府資本ストック，K：総資本ストック，LFN：労働力人口，POGDP：潜在 GDP，POGDPPC：同労働力人口 1 人当たり，DMP：需要圧力。

2. 価格ブロック

　基本的に GDP デフレータが価格ブロックの中心的な存在として需要圧力その他で説明される。その他の民間消費，政府消費デフレータなどは内生化しているが GDP デフレータと同符号を持つことを保証するための推定を行っているため，ほぼ定義式に近い扱いとなる。

PGDP = f［DMP, PM, PGDP(-1), Dummies］
PCG = f［PGDP, PCG(-1)］
PCP = f［PGDP, PCP(-1)］
CPI = f［PGDP, PM(-1), CPI(-1)］

（変数リスト）PCG：政府消費デフレータ。

3. 財政ブロック

　財政ブロックは「公共投資」「政府消費」に分割し，

名目政府消費 ＝ 補助金分 ＋ その他

とする。「補助金分」は開発支出統計表内の補助金を用い，「その他」は国民経済計算統計（GDP 構成項目）の名目公共投資から補助金分を減じたものとして定義している。さらに先に述べた税収関連の関数と定義式群を擁する。

GREV_TXD = f［GDP, GREV_TXD(-1)］
GREV_TXID = f［CP, GREV_TXID(-1)］

GREV_TXDV = GREV_TXD * PGDP

GREV_TXIDV = GREV_TXID * PGDP

GREV_TXV = GREV_TXDV + GREV_TXIDV

第 6 章

ベトナムのマクロ経済モデルと人口高齢化の影響

石 田 　 正 美

はじめに

　ベトナムは，1986 年のドイモイを契機にそれまでの中央政府主導の計画経済から決別し市場経済化，対外関係の多角化をはかることで，経済の競争力を強化してきた[1]。また，ベトナムが ASEAN に加盟したのが 1995 年で，ベトナムはその後 ASEAN に加盟したラオスとミャンマー，およびカンボジアとともに，ASEAN のなかでは後発国ないしその頭文字を取って CLMV 諸国として位置づけられている（工藤・石田 2010 および石田 2016）。これら 4 カ国は，カンボジアが 1991 年のパリ和平協定締結により内戦が終結しているほか，その他 3 カ国は 1980 年代後半に計画経済から市場経済に移行を開始している点でも共通している。そこで，本章では，ASEAN 後発国のマクロ経済モデルの事例としてベトナムのマクロ経済モデルを取り上げ，石田（2018a）において主題として提示した人口構成の変化を考慮した消費関数を同モデルに組み入れることで，ベトナムにおいて将来訪れる高齢化が，マクロ経済にどのような影響をもたらすのかを検討することとしたい。

　ベトナムのマクロ経済モデルについては，森永（1996）が，1989 ～ 1990

---

[1]　1986 年のベトナム共産党第 6 回全国代表者大会で採択された「ドイモイ」路線から 2020 年ですでに 34 年が経つが，各時点でドイモイの成果が評価されている。詳細は白石（1999）および石塚（2017）などを参照。

年に導入された国民経済計算（SNA）の導入当初の課題を評価し，ベトナム
の政府機関並びに政府系研究機関のモデルを紹介，自らも 1986 ～ 1994 年の
データをもとに中規模のマクロ経済モデルを開発している。同研究では，開
発されたモデルをベースに，直接投資が経済全体に与える影響とベトナム政
府が掲げた 2000 年までに 1 人当たり GDP を倍増する計画を実現するのにど
の程度の投資増が求められるのかを分析している。國光（1995）は，1978 ～
1993 年のデータを用いて，同じく中規模のマクロ経済モデル（構造方程式 32
本・定義式 21 本）を開発し，対外経済開放が行われなかった場合，および海
外援助が行われなかった場合のショックを与えることで，その経済効果を明
らかにしている。永田（2007）は，1986 ～ 2005 年の間のベトナム政府によ
る対外経済関係を開放するプロセスとベトナムのマクロ経済動向をレビュー
するとともに，森永（1996）や國光（1995）と同様にマクロ経済モデルを構
築して，日本からの海外直接投資がベトナムにおける生産拡大によって誘発
されていることを示している。ただ，これらのモデルは，いずれもモデルの
推定期間が 9 ～ 19 年と必ずしも長いわけではなく，また最近の目覚ましい
ベトナムの経済発展を反映したマクロ経済モデルもまだ開発されてはいな
い。本章では，新 SNA が公表されていない一部の項目の推計を通じて，
1990 年から 2017 年のデータを用いたモデルを構築していくこととしたい。

　人口構成の変化を考慮に入れた消費関数および同消費関数を用いたマクロ
経済モデルについては，人口構成を考慮に入れた消費関数が Fair and
Dominguez（1991）により発表され，同消費関数をアジア諸国のデータを用
いて推定し，かつマクロ経済モデルに組み込んだ分析が野上（2010a；2010b；
2011），植村（2011），渡邉（2012:2013）によって行われている。石田（2018a）
は，上述の研究をレビューするとともに，東アジア諸国・地域の人口構成を
考慮に入れたプロトタイプの消費関数を推定し，さらにタイとインドネシア
のマクロ計量モデルに適用している。本章で扱うモデルは，1994 ～ 2017 年
の SNA をベースに，1990 ～ 1993 年まで遡って作成したデータを用いた小
規模のモデルである。

　本章の構成をここで述べることとしたい。第1節は遡及データの推計プロセスを，石田（2018b）をもとに説明し，人口構成の変化を考慮に入れた消費関数を推定，その後全体のマクロ経済モデルを説明する。第2節は，ベトナムの人口センサスに基づく人口と，人口予測に基づく将来の人口構成について紹介し，高齢化による経済への影響を示し，検討を加えることとする。最後に「おわりに」で，本章で示されたことをまとめるとともに，今後の課題を示すこととする。

第1節　ベトナムの経済データの遡及プロセスとマクロ経済モデルの構築

1-1. ベトナムの経済データの遡及プロセス

　冒頭でも述べた通り，ベトナムは1986年のドイモイを契機に，従来の計画経済から袂を分かち，市場経済化の道を進み始めた。このため，同国のSNAも，国連開発計画（UNDP）の援助を受けて，それまでのソ連型国民所得統計（NMP）からようやく1989〜1990年に新SNAに移行した。このときのデータは，1987年まで遡って推計され，統計局（GSO）内部では1986年まで遡及推計が行われていた。ところが，ベトナムのSNAは1995年に全面改定された後，1980年代への遡及推計結果は示されず，支出面の実質額や輸出入それぞれの額などが公式統計からは得られなくなっている（以上，森永1996）。

　石田（2018b）は，GSOが公表するSNAのデータとアジア開発銀行（ADB）がKey Indicatorsにおいて公表しているデータとを比較し，1991〜2015年の25年間のうち，19年分は双方を比較しても違いはないとしている。また，双方に違いがある年に関しても，ADBの統計の方がGSOの統計よりもより以前に遡っており，GSOの統計で遡りきれていない期間で見直しが行われている場合，むしろADBの統計の方がデータの見直しに適切に対応してい

ると結論付けている。このように GSO の統計よりも ADB の統計の方が利便性は高いことが示されたものの，ADB の Key Indicators の統計についても依然として課題が存在する。具体的には，

①GDP の時価の名目データは 1990 年まで遡ることができるが，固定価格実質データは 1995 年までしか遡ることができない。

②財・サービスの輸出と輸入（以下では「財・サービス」を省略し，「輸出」ないし「輸入」とする）の実質データが 1995 〜 2000 年と 2003 〜 2004 年に欠損しており，その間の輸入デフレータも示されておらず，連続して入手が可能なのが 2005 年以降である。

という点である。まず①と②の実質データの問題を解決するために，民間消費支出，政府消費支出（以下ではそれぞれ「民間消費」および「政府消費」とする），固定資本形成，輸出と輸入のデフレータを求めた。具体的には，実質 GDP は 1990 年まで遡ることができるので，GDP デフレータで民間消費と政府消費と固定資本形成のデフレータを回帰し，輸出デフレータと輸入デフレータは，GSO が公表する輸出価格指数と輸入価格指数で回帰した。以上のプロセスを通じ，ベトナムの SNA ベースのデータを 1990 年まで遡及推計した（石田 2018b）。

1-2. 人口構成を考慮に入れた消費関数の検討

人口構成を考慮に入れた消費関数は，Fair and Dominguez（1991）の研究に基づく。同研究は，働き盛りの世代は，25 歳よりも若い世代や，55 歳以上の世代と比べると，老後のための貯蓄に励むことから少なめに消費するというライフ・サイクル仮説を，米国のデータを用いて検証したものである。したがって，世代間の 1 人当たり消費は，U 字型のカーブを描くことから，年齢を外生変数とする 2 次曲線で表される変数 Z2 と，同じく年齢に対して単純に増加か減少を示す直線で表される Z1 を用いた以下の式で表される。

$$CP/POP = a_1 + a_2 GDP/POP + a_3 Z1 + a_4 Z2 \qquad (1)$$

ここで，CP は民間消費，GDP は実質 GDP，POP は人口を示し，a_1 ～ a_4 はパラメータである[2]。野上（2010b）は台湾とインドネシアの消費関数を，野上（2011）は台湾，シンガポール，タイ，フィリピン，マレーシア，ベトナム，カンボジアの消費関数を推定しているが，マレーシアとベトナムに関してはライフ・サイクル仮説を支持する Z2 のパラメータ a4 が正の値として推定されたが，その他の国はいずれもライフ・サイクル仮説とは逆の負のパラメータが推定され，その他の国の年代別消費は逆 U 字曲線で示された。こうした負のパラメータが推定された要因として，野上（2010b）および野上（2012）は以下の 2 点を挙げている。第 1 に，東アジアの国・地域では高度成長期に農村から都市への人口移動が生じ，都市に新しい世帯が形成されると，核家族化が進み，耐久消費財などが新たにワンセット必要となり，このような年代が若年層から働き盛りの年代になると消費が増大する。第 2 に，東アジアの国々では高齢者は国による社会保障制度などの社会インフラが十分整備されていない。これら 2 つの要因から，年代別消費は逆 U 字の形状を示すと説明している。

　以上のような先行研究に基づき，(1) 式に前年の実質民間消費（CP）を入れた以下のような定式化を考える。

$$CP/POP = a_1 + a_2 GDP/POP + a_3 Z1 + a_4 Z2 + CP/POP\,(-1) \qquad (2)$$

　(2)式を 1990 ～ 2017 年のデータを用いて推定した結果を表6-1 に示す[3]。2 次関数で示される部分 Z2 のパラメータも 1 次関数で示される部分 Z1 のパ

---

2)　Fair and Dominguez（1991）のモデルの詳細については，本章補論を参照されたい。

3)　さらに CPI を消費関数の説明変数に加えることで，実質民間消費（CP）と CPI との相互関係を示そうと試みたが，CPI のパラメータとして期待される負の符号とは逆に正の符号が統計的に有意に示されたことから，CPI を説明変数に加えることは断念した。

表6-1　ベトナムの人口構成を考慮に入れた消費関数の推定結果

定数項	GDP/POP	CP/POP(−1)	Z1	Z2	R^2	h 統計量
1.99872	0.52971***	0.44563***	−4.15469***	0.07761***	0.99862	−1.6176
(1.149)	(5.523)	(4.364)	(−2.624)	(2.904)		

（出所）　筆者の推定に基づく。
（注）　（1）***は1％水準でパラメータが有意であることを示す。
　　　　（2）かっこ内はt値を示す。
　　　　（3）R^2は自由度修正済み決定パラメータを示している。

ラメータも正で，1期前の1人当たりの消費も正で，1％水準で有意となっており，野上（2012）および石田（2018a）の推定結果が示したように，ライフ・サイクル仮説を支持する結果となっている。この結果をもとに年齢別の消費傾向を示したのが図6-1である。この図より年齢別消費傾向は，24歳で平均消費額を下回り，41歳で底を突き，59歳で平均消費額を上回る傾向を示す典型的なライフ・サイクル仮説を支持する結果を示している。

図6-1　ベトナムの年齢別に示した消費者の消費傾向

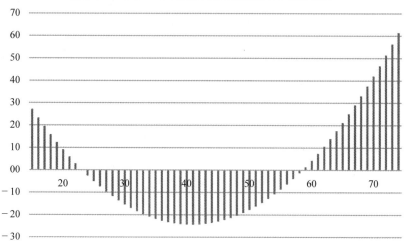

（出所）　筆者の推計に基づく。
（注）　（1）横軸は年齢，縦軸は消費分布パラメータを示す。
　　　　（2）横軸の消費分布パラメータは，相対的な大小関係を示しており，各年齢の平均からの乖離の総和はゼロになる。

1-3.　マクロ計量モデルの定式化

　冒頭でも述べた通り，ベトナムは 1986 年のドイモイ以降市場経済化を進め，1980 年代半ば以降高度経済成長を達成したタイやマレーシアを追いかけるかのごとく，外資主導の輸出志向工業化を果たしてきた[4]。輸出志向工業化の経済発展は，輸出市場を含む市場の需要を確保できるかどうかが制約条件となる（野上 2010a）。このことから，本章で用いるベトナムのマクロ計量モデルも，この約 20 年間にわたりアジア経済研究所で取り組んできたマクロ計量モデルのプロトタイプと同様，需要先決型マクロ計量モデルに基づく。

　まず，需要先決型モデルの実質 GDP の定義式は，以下の（3）式で示すように，

$$GDP = CP + CG + CF + J + X - M + DIS \tag{3}$$

実質民間消費（CP），実質政府消費（CG），実質固定資本形成（CF），実質在庫変動（J），実質輸出（X）の総和から，実質輸入（M）を差し引き，統計誤差（DIS）を加えたものとして定義される。また，前項で示した消費関数以外の構造方程式を**表 6-2**，また変数リストを**表 6-3** に示す。投資関数は実質GDP と 1 期前の資本ストック（K），銀行貸出（LOAN）を GDP デフレータで除すことで実質化した銀行貸出の，いずれも自然対数値と 1995 年と 1997年のダミー変数により，実質固定資本形成（CF）の自然対数値を説明している。なお，実質資本ストック（K）は，以下の（4）式の通り，減価償却率を2%とし，前期の実質資本ストックに実質固定資本形成を加えることで求めている[5]。

$$K = (1\text{-}0.02) \times K\ (-1) + CF \tag{4}$$

---

[4]　ベトナムが輸出志向工業化を進める過程は石田・藤田（2006）などで示されている。
[5]　実質資本ストックの初期値の決め方については，植村・石田・渡邉（2018）を参照されたい。

表6-2 消費関数以外の構造方程式の推定結果

投資関数（被説明変数：ln CF）

定数項	ln GDP	ln K (-1)	ln [Loan/PGDP]	D95	D97	R^2	DW比
-3.02009	1.44194***	-0.90659**	0.64130***	0.25080**	0.38718***	0.98565	1.83158
(-0.924)	(2.894)	(-2.804)	(8.159)	(2.165)	(3.426)		

輸入関数（被説明変数：ln M）

定数項	ln GDP	ln [PM/PGDP]	ln M (-1)	R^2	h統計量
-5.71451***	1.084697***	-0.60225***	0.29873***	0.99661	-3.65419
(-6.032)	(7.761)	(-4.357)	(3.543)		

生産関数（被説明変数：ln POGDP/L）

定数項	ln [K/L]	TIME²	D9294	D98	R^2	DW比
-3.10049***	0.20110***	0.00078***	0.02667***	-0.01366	0.99957	1.61206
(-169.390)	(43.059)	(46.937)	(4.611)	(1.7018)		

GDPデフレータ（被説明変数：ln PGDP）

定数項	ln CPI	ln DPR	ln PGDP (-1)	R^2	h統計量
-3.08943***	0.67969***	0.67969***	0.55510***	0.99797	-0.66641
(-10.709)	(10.896)	(6.722)	(16.710)		

消費者物価指数（被説明変数：CPI）

定数項	PGDP	PM	CPI (-1)	D9194	D0307	R^2	h統計量
4.30057	22.51373*	19.47002***	0.59343***	5.44647***	-2.04376*	0.99712	11.8213
(1.4540)	(1.857)	(2.869)	(5.822)	(2.899)	(-1.731)		

（出所） 筆者の推定に基づく。
（注） （1） ***は1％水準，**は5％水準，*は10％水準でパラメータが有意であること
を示す。
（2） かっこ内はt値を示す。
（3） R^2 は自由度修正済み決定パラメータを示している。

表6-3 変数名リスト

内生変数		外生変数	
GDP	実質国内総生産（10億ドン）	POP	人口総数（1,000人）
CP	実質民間消費（10億ドン）	Z1	15～74歳人口指標（1次）
CF	実質固定資本形成（10億ドン）	Z2	15～74歳人口指標（2次）
M	実質財・サービス輸入（10億ドン）	CG	実質政府消費（10億ドン）
POGDP	実質潜在GDP（10億ドン）	J	実質在庫変動（100万ドン）
PGDP	GDPデフレータ（2010年=1.0）	X	実質財・サービス輸出（10億ドン）
CPI	消費者物価指数（2010年=1.0）	DIS	統計誤差（10億ドン）
PM	輸入デフレータ（2010年=1.0）	LOAN	名目銀行貸し出し（10億ドン）
K	資本ストック（10億ドン）	L	労働力人口（100万人）
DPR	需要圧力（Index）	TIME	タイム・トレンド（1990=1）

（出所） 筆者作成。

輸入関数は，実質 GDP と輸入物価（PM）を GDP デフレータ（PGDP）で除
した内外相対価格と，1 期前の輸入（M）により，当期の輸入を説明する対
数線形の推定式で示されている。

　価格ブロックの GDP デフレータ（PGDP）は，消費者物価指数（CPI），需
要圧力（DPR），1 期前の GDP デフレータの自然対数値により説明されている。
消費者物価指数（CPI）は，GDP デフレータと輸入物価（PM）と，1 期前の
消費者物価指数（CPI），1991 年から 1994 年までと，2003 年から 2007 年ま
でとを 1 とするダミー変数によって説明される。また，需要圧力は，実質
GDP を実質潜在 GDP で除すことで求めた。

$$DPR = GDP / POGDP \tag{5}$$

実質潜在 GDP（POGDP）を求める生産関数は，POGDP を雇用で除した自然
対数値を，資本（K）を雇用（L）で除した自然対数値と，技術進歩としてタ
イム・トレンドの二乗値と [6]，1992 年から 1994 年を 1 としたダミー変数と
1998 年を 1 としたダミー変数により説明している。なお，実質潜在 GDP は，
実質 GDP の自然対数値とタイム・トレンドの回帰式を求め，タイム・トレ
ンドを代入した値の指数関数値を得ることで求めた。

　表 6-2 の推定結果をみると，ほとんどの説明変数のパラメータはいずれ
も 10% [7]，5% ないし 1% 水準での統計的有意性が示されている。また，輸
入関数と消費者物価（CPI）関数は，その h 統計量から残差に自己相関が認
められると判定されるが，それらの点を除けば，構造方程式の推定結果は，
概ね良好と言える。なお，消費者物価指数の関数については，残差に系列相

---

[6]　生産関数の説明変数として，単純にタイム・トレンドを入れて推定を試みたが，労働
　　力あたりの実質資本ストックのパラメータがマイナスとなったので，タイム・トレンド
　　を二乗したものを用いることとした。

[7]　生産関数の 1998 年を 1 とするダミー変数は 10% の有意水準にはわずかに達していな
　　い。

関が認められる結果とはなった。この関数の推定に際しては，さらに GDP デフレータ（PGDP）と輸入物価（PM）が説明変数間で高い相関を持ったことから，ダミー変数を入れても，どちらかのパラメータが期待に反して負となる場合が多かった。表6-2の同結果は，試行錯誤を経たなかで2つのダミー変数を効果的に取り込むことで，すべての説明変数のパラメータが正で統計的に有意であることを示すことができた点を付記しておきたい。

1-4. ベトナムのマクロ経済モデルのパフォーマンス

これまでの定式化に基づくマクロ計量モデルを，2008 年（10 年間）を初期値として動かした場合のモデルのパフォーマンスとして，各内生変数の平均平方誤差（RMSE）と平均平方誤差率（RMSPE）を表 6-4 に示す。表 6-4 で示される RMSE も RMSPE も特定の値を上回っているないしは下回っていれば良いというものではなく（植村 2018），あくまでも複数のモデルの違いを比較する指標であるが，いずれも小さいほうが実績値により近いと判定される。RMSE については，実質 GDP，実質民間消費（CP），実質固定資本形成（CF），実質輸入（M），実質潜在 GDP（POGDP），実質資本ストック（K）はいずれも GDP の構成要素および GDP から派生した変数で単位も 10 億ドンで，ともに同じ単位ないしレベルの変数と位置づけられ，RMSE の比較の目安となる。また，GDP デフレータ（PGDP）と消費者物価指数（CPI）はそれぞれ 2010 年を 1.0 および 100 とした指数である一方，需要圧力（DPR）は実質 GDP と実質潜在 GDP（POGDP）の比が同じである場合に 1.0 であり，

表6-4　内生変数ごとのモデルのパフォーマンス

	GDP	CP	CF	M	POGDP
RMSE	14,700	31,920	12,713	23,884	5,683
RMSPE	0.00594	0.01787	0.01812	0.01226	0.00237
	K	PGDP	DPR	CPI	
RMSE	112,487	0.037	0.006	6.390	
RMSPE	0.01311	0.02708	0.00631	0.03993	

（出所）　筆者作成。

ある程度の比較の目安となろう。RMSPE は，実績値からの乖離をパーセントで示したもので，変数間の違いが比較の目安となる。表6-4 の RMSE をみる限り，実質 GDP，実質民間消費（CP），実質固定資本形成（CF），実質輸入（M），実質資本ストック（K）のなかで，K のバラツキが最も大きく，次いで CP と M のバラツキが大きく，GDP と CF のバラツキは相対的に小さい。また，GDP デフレータ（PGDP）は，RMSPE がほかの変数のそれを上回っており，変動幅は相対的に大きいと判定される。

　また図6-2 は，2008 ～ 2017 年の期間モデルを動かした場合の主な内生変

図6-2　ベトナムのマクロ計量モデルによる GDP のパフォーマンス

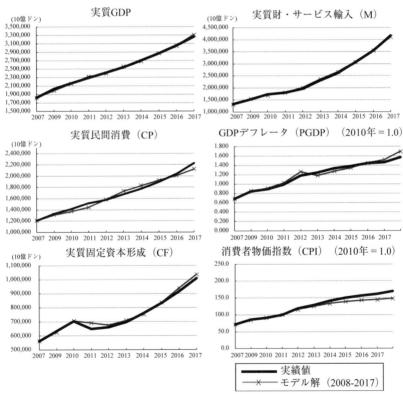

（出所）　筆者の推定結果に基づく。

数のモデル解と実績値を比較したものである。消費者物価指数（CPI）は変動が小さいものの，実績値からモデル解が乖離する状況を示しているが，その他の変数はモデル解と実績値が相互に交わっており，安定したパフォーマンスを示していることがわかる。

第2節　ベトナムの人口構成と高齢化の影響

2-1　ベトナムの人口構成

　ベトナムは2017年の推定値で9387万2000人と，1億人をわずかに下回る人口を擁する。直近の人口センサスは2009年に行われており，その人口ピラミッドと，2011年に公表されたベトナムの人口予測に基づく2017年，2027年，2037年の人口ピラミッドを図6-3に示す。また，各時点の15〜64歳の生産年齢人口と65歳以上の高齢者人口とその人口構成比を表6-5に示す。

　2009年の人口センサスでは，15年以上も前に少子化が始まったことを示しているが，形状は釣鐘型ないしは富士山型の形状を留めている。2017年は，15〜19歳で最も人口の少ない世代が観測される一方，その下の世代に下がるごとにわずかであるが人口が増える星型に近い形状を示している。2027年および2037年の人口ピラミッドは，横に膨らんだベビー・ブーマーのような世代が2つある形状となり，2027年で高齢者人口の割合が9.9％と7％を超える高齢化社会に入り，2037年には高齢者の割合が14％と高齢社会に入ることが予測される。2047年の人口ピラミッドは壺型となるが，高齢者人口の割合は17.2％で，高齢者の割合はすでに21％を超え超高齢社会に入った現在の日本の状況と比べると，高齢化はさほど進まないと予測される。他方，生産年齢人口の割合は2017年をピークに下がり始めるが，総人口が2047年まで増え続けると予測されることもあり，生産年齢人口は2037年までは増え続けることが予測される。

図6-3　人口センサスおよび人口予測に基づく人口ピラミッドの変化

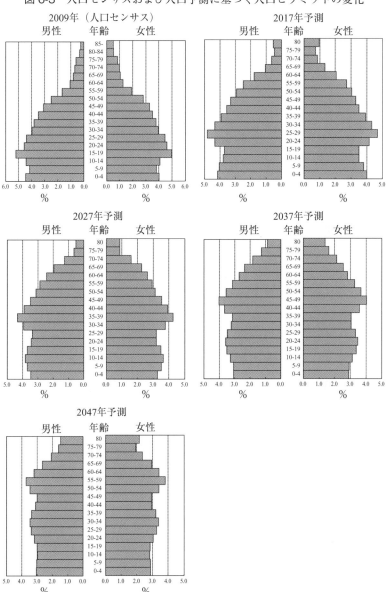

表6-5　2009年の人口センサスおよび人口予測に基づく生産年齢人口と高齢者人口

	15 ～ 64 歳人口		65 歳以上人口		総人口	
	(1,000 人)	(%)	(1,000 人)	(%)	(1,000 人)	(%)
2009 年	58,654	68.4	5,677	6.6	85,790	100.0
2017 年	65,654	70.3	6,071	6.5	93,450	100.0
2027 年	69,632	68.7	10,082	9.9	101,425	100.0
2037 年	71,811	67.7	14,808	14.0	106,089	100.0
2047 年	70,648	65.2	18,638	17.2	108,387	100.0

（出所）　2009年人口センサス並びにGSO（2011）に基づき，筆者作成。

2-2.　人口高齢化のシミュレーション

　ここではベトナムにおける人口高齢化が，実質民間消費（CP）並びに実質 GDP にもたらす影響を，10年後の人口，20年後の人口，30年後の人口構成に基づくZ1とZ2を求め，消費関数にショックを与えることでみてみたい。具体的には，10年後の人口を想定したシミュレーションは，（2）式をもとに表6-1で示された消費関数の推定結果のZ1，Z2，人口（POP）の2008 ～ 2017年の外生値を，2018 ～ 2027年の人口構成に基づく外生値にそれぞれ置き換え，マクロ・モデルの出力結果をみる。20年後の人口については2028 ～ 2037年，30年後の人口については2038 ～ 2047年の人口関連の3変数の値が同様に外生値として代入され，ショックが与えられる。

　図6-4は人口高齢化が実質民間消費（CP），実質 GDP，GDP デフレータ（PGDP），実質輸入（M）にもたらす影響を，4枚のグラフでそれぞれ示したものである。各グラフとも最も薄い三角のラベルのついた折れ線が10年後の人口を想定した結果，濃さが中間で丸いラベルのついた折れ線が20年後の人口，最も濃い＊印のラベルのついた折れ線が30年後の人口を想定しており，いずれもベース・ケースからの乖離のパーセンテージで示している。

　まずショックが直接与えられる実質民間消費（CP）への影響についてみると，10年後の人口を想定したケースでは最初の6年間は減少傾向を示すものの，7 ～ 10年目までの期間はプラスの効果が推計される。また，20年後

図6-4　人口高齢化がもたらすマクロ経済への影響

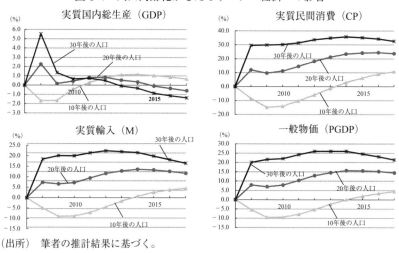

（出所）　筆者の推計結果に基づく。

の人口を想定した場合は，10年後の人口を想定したケースとは異なり，最初の2008年から増加傾向がみられ，その押上げ効果もより強いが，2016年と最終年の2017年には低下傾向が示されている。さらに，30年後の人口を想定したケースは，20年後の人口を想定したケースよりもさらに高い押上げ効果が示されているが，2014年をピークに低下傾向を示している。これらの結果は，図6-1の消費者の年齢別に示した消費傾向がU字型曲線を描いているように，高齢化が進むほど，より高い実質民間消費（CP）への押上げ効果が確認される。

　実質国内総生産（以下では「国内総生産」を単に「GDP」とする）への影響をみると，10年後の人口構成を想定したケースが1度低下した後に増加する傾向を示しているのに対し，20年後および30年後の人口構成を想定したケースでは，逆に増加した後に若干の変動があるものの低下する傾向を示している。しかしながら，縦軸の値をみると明らかなように，実質民間消費（CP）ほど大きく乖離はしない安定した推移が示されている。このように実質民間消費（CP）への影響がベース・ケースから乖離する傾向を示すにもかかわら

ず，実質 GDP への影響が相対的に安定した推移を示す理由を考える意味で，図 6-4 の実質輸入（M）への影響をみてみることとしたい。実質輸入に関しては，実質民間消費（CP）と同様に，10 年後の人口構成を想定したケースで最初の 6 年間は低下する傾向が示される一方，高齢化が進むほどベース・ケースからプラス方向に乖離する傾向がみられる。このため，人口構成のショックによる実質民間消費（CP）の増加とともに，実質輸入（M）も増加するため，実質 GDP の増加が抑制されることがわかる。

　GDP デフレータ（PGDP）への影響も，実質民間消費（CP）や実質輸入（M）と同様に，10 年後の人口構成を想定したケースで最初の 6 年間は低下傾向が示される一方，20 年後と 30 年後の人口構成を想定した場合により一層プラス方向に乖離する傾向が認められ，高齢化は一般物価水準を引き上げる効果が確認される。なお，表 6-2 の輸入関数を確認すると，輸入物価（PM）を GDP デフレータ（PGDP）で除した内外相対価格のパラメータが負であることから，PGDP が増えると，結果的に実質輸入（M）も拡大するメカニズムがあることが確認できる。

　表 6-6 は 2017 年におけるベース・ケースに対する押上げ／押下げ効果を数字で示したもので，10 年後の人口関連の変数を外生値として入れたシミュレーションでは実質 GDP を 0.7％押し上げるが，20 年後および 30 年後の人口関連変数を外生値として入れると，逆に -0.6％と -1.4％とマイナスの効果が及ぶことが確認できる。

表 6-6　2017 年のベース・ケースに対するショックの効果（％）

	シミュレーション（2008-2017）		
	10 年後人口	20 年後人口	30 年後人口
実質民間消費	10.7	23.8	32.6
実質 GDP	0.7	-0.6	-1.4
GDP デフレータ	4.4	14.5	21.4
実質財・サービス輸入	4.5	11.7	16.4

（出所）　筆者の計算結果に基づく。

2-3.　貿易収支を一時的に均衡させた場合のシミュレーション

高齢化のシミュレーションを行っても，実質 GDP が安定する理由として，高齢化により実質民間消費（CP）が拡大するものの，実質民間消費（CP）の拡大が実質 GDP を通じて実質輸入（M）も拡大し，輸入の拡大が実質民間消費（CP）の拡大をある程度相殺する効果があることが確認された。しかし，そのように GDP が安定する要因として，実質輸出（X）が外生変数であるため，実質輸入（M）が増えても変わらないことが考えられる。そこで，2008 ～ 2017 年の 10 年間は，実質輸出（X）を，消費の拡大により誘発されて増加した輸入額と同じ値で置き換えることで一時的に均衡させたシミュレーションを行い，実質 GDP と実質輸入（M）への影響をみてみることとしたい。

図 6-5 は貿易収支を一時的に均衡させ，10 年後，20 年後，30 年後の人口を前提にシミュレーションを行った結果を図で示したもので，表 6-7 は2017 年の各指標の押上げ／押下げ効果を示したものである。図より，実質民間消費（CP）への影響は若干大きいものの，さほど大きくはないのと比べると，実質輸入（M）と実質 GDP デフレータの効果はグラフの縦軸の上限

図 6-5　貿易収支を一時的に均衡させた場合の効果

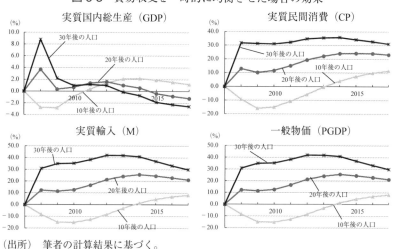

（出所）　筆者の計算結果に基づく。

表 6-7　2017 年のベース・ケースに対するショックの効果
（貿易収支を一時的に均衡させたケース）（%）

| | シミュレーション（2008-2017） | | |
	10 年後人口	20 年後人口	30 年後人口
実質民間消費	11.4	23.1	31.0
実質 GDP	1.2	-1.2	-2.6
GDP デフレータ	7.9	26.9	40.4
実質財・サービス輸入	8.1	21.2	29.9

（出所）　筆者の計算結果に基づく。

が変化する程大きくなっており，総じていえば貿易収支が均衡すると，実質
輸入(M)がさらに増える構造になっている。しかしながら，実質民間消費(CP)
への影響と実質輸入（M）への影響が相殺し合うことで，実質 GDP への影
響は 30 年後の人口でも -2.6%と相対的には安定していることがわかる。

　　おわりに

　本章を通じて，まずは実質 GDP のデータを 1990 年まで遡及推計すること
で，これまでの研究と比べてもより高い自由度でモデル式の推定を行った。
特に実質輸入と実質輸出は，2005 年までしか遡ることができなかったとこ
ろを，1990 〜 2004 年のデフレータを推計することで，遡及推計が可能になっ
た点は大きい。次に小規模なモデルではあるが，本章で開発したマクロ・モ
デルの各式の統計的有意水準も十分高く，全体のモデルのパフォーマンスも
安定しているものと評価される。ただ，この安定したパフォーマンスは，実
際に既存のデータで回帰して遡及推計したこともその一因と考えられ，ある
程度割り引いてみる必要があろう。
　次に高齢化の影響については，ベトナムの人口予測の数字を用いて，10
年後，20 年後，30 年後の人口関連の数字を 2008 〜 2017 年の数字に置き換
えたシミュレーションを行った。人口構成を考慮したベトナムの消費関数は，

世代間の消費傾向がライフ・サイクル仮説を支持する U 字型であったことから，高齢化により実質民間消費（CP）を押し上げる効果が確認された。しかしながら，10 年後の人口を想定した分析結果では，一時的に下がり，最終的には実質民間消費（CP）を押し上げる効果が確認された。一方で，実質輸入（CP）も拡大させることから，実質 GDP への影響は緩やかなものとなり，10 年後の人口を想定したケースでは最終的にプラス，20 年後および 30 年後の人口を想定したケースではマイナスの効果が確認された。また，マクロ計量モデルで導かれた実質輸入と同じ外生値を実質輸出に入れることで，貿易収支を一時的に均衡させたシミュレーションでは，輸入がさらに拡大する傾向が示された。この結果，10 年後の人口を想定したシミュレーションでは実質 GDP を同様にさらに押し上げ，20 年後と 30 年後の人口を想定したシミュレーションでは，実質 GDP をさらに下げる効果が確認された。しかし，いずれのケースも絶対値は 5％未満の値に留まり，安定した結果が示されている。

　今回は高齢化の影響をみる目的で小規模なモデルを構築することに留まった。無論，目的に応じて財政ブロック，金融ブロックなども整備することが求められる場合もある。今後の課題としては，これまでの先行研究と同じ水準の中規模のモデルを構築することで，別の課題のシミュレーションを試みてみたい。

〔参考文献〕

＜日本語文献＞
石田暁江・藤田麻衣 2006.「国際統合過程のベトナムの工業化」天川直子編『後発 ASEAN 諸国の工業化——CLMV 諸国の経験と展望』研究双書 No. 553 日本貿易振興機構アジア経済研究所.
石田正美 2016.「メコン河流域諸国の開発と ASEAN」トラン・ヴァン・トゥ編『ASEAN 経済新時代と日本』文眞堂.
———— 2018a.「人口構成の変化を考慮した消費関数の検討」植村仁一編『マクロ

計量モデルの基礎と実際——東アジアを中心に』アジ研選書 No. 47 日本貿易振興機構アジア経済研究所.

——— 2018b.「ベトナム実質国民所得統計の推計とモデル作成」植村仁一編『東アジアの計量モデル——その利用と応用』調査研究報告書 日本貿易振興機構アジア経済研究所.

石塚二葉 2017.「第 12 回ベトナム共産党全国代表者大会と『第 2 のドイモイ』の可能性」石塚二葉編『ベトナムの「第 2 のドイモイ」——第 12 回共産党大会の結果と展望』情勢分析レポート No. 29 日本貿易振興機構アジア経済研究所.

植村仁一 2011.「アジア長期需要成長と人口要因——中国の事例」野上裕生・植村仁一編『アジア長期経済成長のモデル分析 (I)』日本貿易振興機構アジア経済研究所.

——— 2018.「マクロ計量モデルの概要」植村仁一編『マクロ計量モデルの基礎と実際——東アジアを中心に』アジ研選書 No. 47 日本貿易振興機構アジア経済研究所.

植村仁一・石田正美・渡邉雄一 2018.「モデル分析用資本ストックの推計」植村仁一編『マクロ計量モデルの基礎と実際——東アジアを中心に』アジ研選書 No. 47 日本貿易振興機構アジア経済研究所.

工藤年博・石田正美 2010.「越境移動の進展と国境経済圏」石田正美編『メコン地域 国境経済をみる』アジ研選書 No. 22 日本貿易振興機構アジア経済研究所.

國光洋二 1995.「ベトナムの経済成長に関する計量経済モデル分析——経済改革と海外援助の影響を中心として」『地域学研究』26(1)：61-74.

白石昌也 1999.「ベトナムのドイモイ路線の展開——経済安定化から『国土の工業化・近代化』へ」白石昌也・竹内郁雄編『ベトナムのドイモイの新展開』研究双書 No. 494 日本貿易振興機構アジア経済研究所.

永田智章 2007.「日本企業によるベトナム投資の経済分析——ドイモイ政策から20 年，対外経済開放の展開と対越投資』『広島経済大学創立四十周年記念論文集』広島経済大学.

野上裕生 2010a.「開発途上国マクロ計量モデルの歴史的展開 (I)——1970・80年代のアジア経済研究所の活動を中心に」野上裕生・植村仁一編『アジア長期経済成長のモデル分析 (I)』日本貿易振興機構アジア経済研究所.

——— 2010b.「アジア長期経済成長のモデル分析に向けて——消費関数を中心に」野上裕生・植村仁一編『アジア長期経済成長のモデル分析 (I)』日本貿易振興機構アジア経済研究所.

——— 2011.「アジア長期経済成長のモデル分析に向けて——消費関数を中心に」野上裕生・植村仁一編『アジア長期経済成長のモデル分析 (I)』日本貿易振興機構アジア経済研究所.

――― 2012.「アジアの国内需要変動の計量モデル分析」野上裕生・植村仁一編『ア
　　ジア長期経済成長のモデル分析（Ⅱ）』日本貿易振興機構アジア経済研究所.

森永卓郎 1996.「マクロ経済モデルを用いたベトナム経済の計量分析」竹内郁雄・
　　村野勉編『ベトナムの市場経済化と経済開発』研究双書 No. 462 日本貿易振
　　興機構アジア経済研究所.

渡邉雄一 2012.「韓国の消費需要と人口変動のマクロ分析」野上裕生・植村仁一編
　　『アジア長期経済成長のモデル分析（Ⅱ）』日本貿易振興機構アジア経済研
　　究所.

――― 2013.「韓国・台湾の国内需要に関するマクロ計量モデル分析」植村仁一編
　　『アジア長期経済成長のモデル分析（Ⅲ）』日本貿易振興機構アジア経済研
　　究所.

＜外国語文献＞

Fair, Ray C. and Kathryn M. Dominguez 1991. "Effects of the Changing U.S. Age
　　Distribution on Macroeconomic Equations." *American Economic Review* 81（5）：
　　1276-1294.

GSO（General Statistics Office）2011. Population Projection for Vietnam 2009-2049.

補論――Fair and Dominguez の Z1，Z2 算出方法と解釈――

　この補論では，各国単体モデルでそれぞれ利用されている定式化の中で「人
口の年齢構成を考慮するための変数」として導入されている Z1 および Z2
の意味合いと算出方法，さらにこれら変数自体の簡単な解釈を紹介する。

1. 推定する消費関数

ケインズ型の消費関数は，

$$C = \alpha + \beta Y \tag{1}$$

で表される。Fair and Dominguez（1991）は，定数項が年齢構成によって変化
する分析を提案する。ここで，年齢階層が n あると仮定し，j 年齢階層の人

口シェアを pj と考えたうえで，（1）の消費関数は，以下のようにそれぞれ
の年齢階層の人口シェアの影響を受けるものと考える。

$$C = a + \beta Y + \sum_{j=1}^{n} \gamma_j p_j \tag{2}$$

この定式化では，人口階層が多くなると推定すべきパラメータの数が増え，
自由度が減少するために適切な推定量が得られなくなる。そこで，Fair and
Dominguez（1991）は（3）および（4）式で示すようなパラメータ制約を設
定し，その問題を回避する。

$$\gamma_j = \gamma_0 + \gamma_1 j + \gamma_2 j^2 \qquad (j = 1, 2, \cdots, n) \tag{3}$$

$$\sum_{j=1}^{n} \gamma_j = 0 \tag{4}$$

（3）式をもとに j = 1, 2, … n の総和を得ると，（4）より 0 となる。

$$\sum_{j=1}^{n} \gamma_j = n\gamma_0 + \gamma_1 \sum_{j=1}^{n} j + \gamma_2 \sum j^2 = 0$$

この式を整理すると，

$$\gamma_0 = -\frac{1}{n} \left(\gamma_1 \sum_{j=1}^{n} j + \gamma_2 \sum_{j=1}^{n} j^2 \right) \tag{5}$$

他方，（2）式の右辺の第 3 項は，（3）式をもとに，以下のように表される。

$$\sum_{j=1}^{n} \gamma_j p_j = \sum_{j=1}^{n} (\gamma_0 + \gamma_1 j + \gamma_2 j^2) p_j \tag{6}$$

（5）式を（6）式に代入すると，

$$\sum_{j=1}^{n} \gamma_j p_j = \gamma_1 \left(\sum_{j=1}^{n} j p_j - \frac{1}{n} \sum_{j=1}^{n} j \sum_{j=1}^{n} p_j \right) + \gamma_2 \left(\sum_{j=1}^{n} j^2 p_j - \frac{1}{n} \sum_{j=1}^{n} j^2 \sum_{j=1}^{n} p_j \right) \tag{7}$$

なお，人口シェア pj の総和は 1 に等しいので，（7）式は

$$\sum_{j=1}^{n} \gamma_j p_j = \gamma_1 \left(\sum_{j=1}^{n} j p_j - \frac{1}{n} \sum_{j=1}^{n} j \right) + \gamma_2 \left(\sum_{j=1}^{n} j^2 p_j - \frac{1}{n} \sum_{j=1}^{n} j^2 \right) \tag{8}$$

と表される。(8) 式の右辺第 1 項，第 2 項ははそれぞれ年齢階層の 1 次の項と 2 次の項をまとめたものである。Fair and Dominguez (1991) は，右辺第 1 項のかっこ内を Z1，第 2 項のそれを Z2 として，以下のように表した。

$$\sum_{j=1}^{n} \gamma_j p_j = \gamma_1 Z1 + \gamma_2 Z2 \tag{9}$$

Z1 も Z2 もともに第 j 年齢層とその割合 pj によって算出が可能である。これを（1）式に代入すると，

$$C = \alpha + \beta Y + \gamma_1 Z1 + \gamma_2 Z2 \tag{10}$$

となり，（10）式が消費関数の基本的な推定式となる。なお，Fair and Dominguez (1991) に従い，民間消費と所得はそれぞれ人口で除した 1 人当たりの値として推定を行う。

2．年齢階級別消費パターンの求め方

（10）式で求められたパラメータ γ_1 と γ_2 を，各年齢階級 j と階級総数 n とともに（5）式に代入して γ_0 が求められる。γ_0，γ_1，γ_2 を（3）式に代入すると，各年齢階級の消費傾向が示される。

3. Z1, Z2 の解釈

(8) 式の右辺第 1 項が Z1，第 2 項が Z2 である。

$$Z1 = \sum_{j=1}^{n} j p_j - \frac{1}{n} \sum_{j=1}^{n} j$$

$$Z2 = \sum_{j=1}^{n} j^2 p_j - \frac{1}{n} \sum_{j=1}^{n} j^2$$

ここで，Z1 の右辺は第 2 項の $1/n$ を和記号の中に入れて整理すれば

$$\sum_{j=1}^{n} j \left(p_j - \frac{1}{n} \right)$$

と変形できる。Z2 も同様に整理すれば，それぞれ

$$Z1 = \sum_{j=1}^{n} j \left(p_j - \frac{1}{n} \right)$$

$$Z2 = \sum_{j=1}^{n} j^2 \left(p_j - \frac{1}{n} \right)$$

となる。Z1，Z2 とも，人口の年齢構成が一様分布（すべての $p_j = 1/n$ ）であるときにかっこ内が 0 となり，一様分布から外れれば 0 とはならないが，年少人口側（小さな j）と高齢人口側（大きな j）のどちらのボリュームが増すかによってその大きさの変化は非対称的である。例えば富士山型（年少人口の裾野が広い）の人口ピラミッドと壺型（高齢人口の方が多く裾がつぼまっている）のそれとを想定し，一様分布からのずれ具合が両者で同一であるとしても，年齢階層を示す j やその平方との積である Z1，Z2 は後者の壺型の場合の方が大きくなる（とくに Z2 の方はその傾向は当然大きく表れる）こととなる。ただし，本文中でも触れられているとおり，Z1，Z2 は人口の絶対規模を表す要素を含まないため，同時に総人口や労働力といった変数にも目配りが必要となることはいうまでもない。

複製許可および PDF 版の提供について

　点訳データ，音読データ，拡大写本データなど，視覚障害者のための利用に限り，非営利目的を条件として，本書の内容を複製することを認めます（http://www.ide.go.jp/Japanese/Publish/reproduction.html）。転載許可担当宛に書面でお申し込みください。

　また，視覚障害，肢体不自由などを理由として必要とされる方に，本書のPDF ファイルを提供します。下記の PDF 版申込書（コピー不可）を切りとり，必要事項をご記入のうえ，販売担当宛ご郵送ください。
折り返し PDF ファイルを電子メールに添付してお送りします。

　　〒 261 – 8545　千葉県千葉市美浜区若葉 3 丁目 2 番 2
　　日本貿易振興機構 アジア経済研究所
　　学術情報センター成果出版課　各担当宛

　ご連絡頂いた個人情報は，アジア経済研究所成果出版課（個人情報保護管理者 – 成果出版課長 043-299-9538）が厳重に管理し，本用途以外には使用いたしません。また，ご本人の承諾なく第三者に開示することはありません。
　　　　　　アジア経済研究所学術情報センター 成果出版課長

PDF 版の提供を申し込みます。他の用途には利用しません。

植村仁一編
『マクロ計量モデル——その利用と応用——』
【アジ研選書 No. 54】2020 年

住所 〒

氏名：　　　　　　　　　　　　　　　年齢：
職業：
電話番号：
電子メールアドレス：

執筆者一覧（執筆順）

植村　仁一（アジア経済研究所開発研究センター経済モデル研究グループ長）

田口　博之（埼玉大学経済学部教授）

ブー・トゥン・カイ（法政大学経済学部教授）

渡邉　雄一（アジア経済研究所地域研究センター東アジア研究グループ）

石田　正美（アジア経済研究所開発研究センター上席主任調査研究員）

［アジ研選書 No.54］

マクロ計量モデル：その利用と応用

2020 年 3 月 10 日発行　　　　　　定価［本体 2,300 円＋税］

編　者　　植村　仁一
発行所　　アジア経済研究所
　　　　　　独立行政法人日本貿易振興機構
　　　　　千葉県千葉市美浜区若葉 3 丁目 2 番 2　〒261-8545
　　　　学術情報センター　　　電話　043-299-9735（販売）
　　　　　　　　　　　　　　　FAX　043-299-9736（販売）
　　　　　　　　　　　　　　　E-mail　syuppan@ide.go.jp
　　　　　　　　　　　　　　　http://www.ide.go.jp

印刷所　　株式会社丸井工文社

Ⓒ 独立行政法人日本貿易振興機構アジア経済研究所 2020
落丁・乱丁本はお取り替えいたします　　　　　無断転載を禁ず
ISBN 978-4-258-29054-3

出　版　案　内
「アジ研選書」

（表示価格は本体価格です）